Linus Volkmann

Die 13 schönsten Geschichten
der Welt

mit Zeichnungen von
Ole Kaleschke

Linus Volkmann, geboren 1973 in Frankfurt/Main,
veröffentlichte bereits die Romane »Anke«, »Super-
Lupo – Jeder Freund ist anders«, »Kein Schlaf bis
Langenselbold« und »Endlich Natürlich«, sowie
die Kurzgeschichtenbände »Heimweh to hell« und
»Smells Like Niederlage«. Er lebt in Köln.

Ole Kaleschke, geboren 1972 bei Hannover, ist
freiberuflicher Graphiker und Gestalter. Zeichnungen
von ihm finden sich in allen Volkmann-Büchern,
er lebt als begehrter Vater und Brillenträger in Berlin.

Dank für große Unterstützung am Text gilt Meike Wolf,
Felix Scharlau, Jens Friebe, Benjamin Walter
und Jule Müller.

In anderer Form erschien »King Cobra ... Der
Ponyflüsterer« bereits in Jim Avignons bebilderter
Anthologie »Welt und Wissen«.

1. Auflage 2014

Lektorat: Jonas Engelmann
Covergestaltung und Illustrationen: Ole Kaleschke
Layout und Satz: Oliver Schmitt
Druck: fgb, Freiburg
ISBN: 978-3-95575-016-9

Ventil Verlag
Boppstraße 25, 55118 Mainz
www.ventil-verlag.de

Inhalt

Linus Volkmann

Robbe & Bürzel

TKKG

Hanni & Nanni

Vorwort

Linus Volkmann
schreibt seinen nächsten Bestseller

Der sympathische Wahlkölner nimmt an seinem Schreibtisch Platz. Er trägt praktische Kleidung, Netzhemd, Stulpen, das Gesicht voller Flecken, Falten und Zahnpasta. Doch das ist egal. Denn er ist Schriftsteller.

Er schreibt.

Es ist wie in diesem einen Nirvana-Song: »He's the one, he writes all our pretty songs and he don't know what it means.«

Sicherlich mögen die Zeilen leicht anders lauten. Pretty sure, es müsste allein schon grammatikalisch heißen »he does not know«. Doch als Autor kann Linus Volkmann nicht nur überall parken, sondern auch in Texten völlig frei Bedeutungen schaffen, vermeiden, verändern.

Der Vergleich mit Nirvana trifft es daher nur bedingt. Es ist viel eher wie die Schöpfungsgeschichte, nur dass Linus Volkmann auch am siebten Tag nicht ruht. Sein wacher Geist ist immer on. Hatte er da nicht gerade wieder eine Idee für einen neuen Romanzyklus? Fehlalarm. War doch nur etwas für einen Kommentar auf Instagram. Immerhin! Als Schriftsteller muss man auf die neuen Medien gehen. Sonst bleibt einem nur der Gänsekiel und das Schreiben über Vertriebenen-Schicksale in World War II, oder was die scheintoten Erben von Günter Grass sonst noch so zu bieten haben. Das jedenfalls funktioniert nicht für Linus Volkmann, den Pop-

Autoren. Auf Wiedersehen, hermetische Liebesgeschichten aus Pommern. Hallo Romane über Nerds, Autonome oder Biber.

Das ist Scripted Reality mit Pfiff.

Sicherlich – Linus Volkmann streicht sich über seinen nachdenklichen Vollbart –, auf dem Konto macht sich die Abwesenheit von Feuilleton und Bachmannpreis durch Auflösung und daheim durch Besuche von Inkasso-Mitarbeitern bemerkbar. Aber Thomas Mann konnte am Tag auch nicht öfter als drei Mal warm essen.

Linus Volkmann öffnet eine Dose Red Bull und legt sich eine Line hirnvereisendes Flieger-Speed.

Das findet er ganz normal.

So auch heute.

Heute, der Tag, an dem er den Grundstein für eine epochale Werkreihe legt. Heute, der magische Tag von »Lies die Biber!«

Herzlich Willkommen.

Die Figuren

King Cobra

ist der letzte Punk der Welt. Unerschütterlich, enthusiastisch und fertig. Den Katechismus der Autonomen Jugendzentren, jede Zeile der Anarchopunkband Crass, Deutschlands geilste Fußgängerzonen-Saufslots – der ein Meter neunzig große Chaostage-Veteran kennt sie alle. Zuletzt war er damit sogar bei »Wer wird Millionär«, doch leider kam aus seinem Bereich nichts dran. King Cobra ist überdies der große Bruder von King Hörnchen, Sternzeichen Möwe und wird immer viel verhaftet, wenn der Tag lang ist.

Super-Lupo

erlebte sein größtes Abenteuer Ende der Neunzigerjahre – in Form einer Autofahrt nach Italien. Auf der Hutablage. Aus diesem Ferien-Erlebnis entstand seinerzeit der hochgelobte Roman »Jeder Freund ist anders«. Der antriebsschwache Langzeitstudent ruhte sich dann auf diesen Lorbeeren mehr aus als Dornröschen, nachdem die sich mit der giftigen Spindel gestochen und sediert hatte. Doch mit einem erneuten Hauptfachwechsel und einem Hartz-4-Antrag räumt der Musikfan nun das Feld von hinten auf.

Pauli

ist ein extremer Charakter und stammt aus dem Örtchen Mosbach nahe Mückenloch. Doch mit seiner badischen Heimat verbindet den drahtigen Sympathieträger nicht mehr viel. Lange Zeit lebte der Odenwälder in Italien unter der Erde und lernte dort einen Biber kennen und lieben. Klingt unglaublich, aber beide waren frei genug füreinander – trotz der unterschiedlichen Lager, aus denen sie kamen.

Schinkenomi/Gertrude81

ist eine ältere Dame aus Bad Orb. Sie hat bereits viel erlebt, ihr Hund und ihr Mann sind leider tot. Doch das zieht die Überlebende der Schlacht um Verdun nicht runter – im Gegenteil. Schinkenomi hat jetzt WLAN, überhaupt noch große Pläne – und einen Dutt.

King Hörnchen

hat sich die Haare kurz geschnitten und friert im Winter jetzt noch mehr. Egal. Ihre Eltern sind wichtige Player einer einflussreichen Lübecker Kaufmannsfamilie. Allerdings hasst die aufgeweckte Schülerin des Käthe-Kollwitz-Gymnasiums Kapitalismus und Deutschland. Gern wendet sie sich in ihrer Freizeit kindlichen Streichen zu: Leute, die nach dem Weg fragen, in die falsche Richtung schicken; so tun, als würde sie dem Familienhund Luna das Stöckchen werfen, aber es nicht machen und der rennt aber erst mal los; Buttersäureanschläge auf McDonald's-Filialen; Durchschneiden der Bremspedale am Wagen des Arbeitgeberpräsidenten, sowas halt – zu köstlich. Nach diesen Aktionen schließt sie sich oft im Schuppen ein, isst ein Calippo oder schnitzt Männchen aus Holz.

King Hörnchens Clique

besteht aus einer kaum überschaubaren Anzahl extrem steiler Jugendlicher mit Swag, von denen man in Zukunft noch viel hören wird. Und sei es nur in 70 Jahren bei den Todesanzeigen. Doch jetzt ist ihre Zeit. Nieder mit den Umständen, hoch mit King Angela, King Maria, King Elena, King Simone, King Müller und Queen Latifah!

Robbe & Bürzel

hassen es, wenn ihre symbiotische Beziehung ihnen auch noch die letzte Chance raubt, dass sich eine Frau für sie interessieren könnte. Robbe arbeitet mittlerweile als System-Administrator bei der Agentur für Arbeit, lässt die Körperhygienie auch mal schleifen, wiegt mehr, als für seine Größe zulässig ist. Bürzel promoviert, trägt einen flachsblonden Scheitel, der mittlerweile so dünn geworden ist, dass man ihn kaum noch auf der Glatze sieht. Beide: Brille, Brille. Der dünne Bürzel kreist überdies als Putzerfisch um Robbe und knabbert tote Hautschuppen von ihm. Symbolisch gesprochen. Den Erfolg der TV-Nerds von »The Big Bang Theory« halten die zwei für herrlich aber unrealistisch.

Linus Volkmann

hat vor etlichen Jahren ein Praktikum bei einer Kölner Bou-
levardzeitung absolviert, an der Volkshochschule 10-Finger-
Tippen gelernt und als Jugendlicher in Langenselbold ein
Werbeblatt ausgetragen. Bei so einer hochverdichteten Vita
besteht kein Zweifel: Der gut gelaunte Waffennarr mit den
zwei unterschiedlich farbigen Augen hat das Schreiben von
der Pike auf gelernt. Mit seinem Lebenspartner und 38 Katzen
wohnt er in einem Schloss in Umbrien.

Die Geschichten

1

Super-Lupo
Vorratsdatenspeicherung
der Lust

»Liebe ist kein Zufall« – versprach die Webseite im Internet. Der Rechner brummte, Super-Lupo saß davor im matten Schein eines in speckigem Hellbeige eingefassten Röhrenmonitors. Instinktiv öffnete er den Reißverschluss seiner Jeans. Erschrak vor sich selbst, brach die Handlung ab. Nein, heute nicht! Zumindest: Jetzt nicht! Jetzt wollte er auf elitepartner.de die Partnerin seines Lebens finden, Penis sollte ihm das nicht kaputtmachen. Wie hatte es bloß so weit kommen können?

In den Neunzigerjahren hatte Super-Lupo alles auf eine Karte, alles auf Grunge gesetzt, er wollte Deutschlands coolster Slacker werden. Auf der einen Seite war ihm das auch gelungen, auf der anderen Seite hieß das jetzt Hartz 4. Und der Begriff des Slackers hatte es ja nicht mal ins neue Jahrtausend geschafft. Mittlerweile war man nicht mehr der Allergrößte, wenn man den ganzen Tag bloß Musik hörte, faul rumlag und Selbstgedrehte rauchte. Aus dem studentischen Flaneur wurde der Bummelstudent mit Wanst und aus jenem wiederum wurde der Flaschensammler, der von den verschulten

Modul-Champions und punktebesessenen Selbstorganisierern nur noch hart gemobbt wurde.

Was hätte er in seinen Lebenslauf auch schreiben sollen? »Nicht bereit für neue Herausforderungen«? »Kein Interesse an einem quirligen Team«? »Nutzlos in flexiblen Strukturen, die sich den Anforderungen einer neuen Ökonomie stellen«? »Hüftleiden«? »Null Belastbarkeit bei temporären Arbeitsspitzen«? »Halte Betriebsräte nicht für steinzeitliche Renditebremsen«? »Fick dich Innovation und fick dich neoliberales Schweinesystem«?

Alles klar. Das las Herr von Thyssen-Krupp sicher nicht so gern. Oder wen man halt sonst anschrieb, wenn man sich bewarb.

Erst waren jedenfalls die Raucherecken im Fachbereich der nutzlosen Geisteswissenschaften geschlossen worden, dann der ganze Trakt.

Statt Altphilologie studierten die aufgepeitschten Turbo-Abiturienten heute Netzwerk-Administration und Content-Management und Super-Lupo war vom geilen Loser zum normalen Loser runtergerechnet worden. Nicht mal BAföG gab es mehr im 24. Semester (Urlaubssemester und jene, in denen er verpasst hatte, sich zurückzumelden, nicht eingerechnet).

Es sah schlecht für ihn aus, er wusste das. Auswege aus der misslichen Lage suchte er in den Platten von Alice in Chains, Pearl Jam und Soundgarden. Doch Fehlanzeige. Näherte man sich den Texten dieser Künstler, fand man heraus, dass es den dort Auskunft gebenden Mackern nur ums Stöpseln ging.

Stöpseln?

Auch so ein Begriff, den außer Super-Lupo niemand mehr kannte.

Super-Lupo musste husten, seine Knochen fühlten sich wund, er selbst sich schwach an. Warum gab es eigentlich keine Warnhinweise auf Tiefkühlpizzen wie auf Zigarettenschachteln? Kaum ernährte man sich zehn Jahre nur davon, fielen einem die Haare aus und man verdoppelte sein Gewicht. Vom schlaksigen Prinz zur bleichen Tonne. Danke, bofrost*!

Super-Lupo ging zu REWE ... Okay, warum lügen? Super-Lupo ging zu Netto und überlegte, ab wann es wohl Zeit war, Lebensmittel über »Die Tafel« zu beziehen? Zumindest jetzt noch nicht, jetzt noch nicht!

Immerhin hatte er ein Ass im Ärmel – also außer Selbstmord. Und zwar seine super obergärige Geschäftsidee vom Vitaminbier. Man schütte sich 18 Beck's den Abend über rein, aber die Nachwirkungen des Alkohols (im Volksmund Kater) werden bereits durch zugesetzte Vitamine, Alka-Seltzer und Antibiotika aufgehoben. Man fühlt sich nach dem Saufen besser als vorher. Und das Reinheitsgebot bei Bier musste ja längst gefallen sein – wie anders konnte man sich sonst Schöfferhofer Grapefruit erklären?

Diese Idee war so geil, da brauchte er nur noch abzuwarten. Abzuwarten, bis er sie endlich patentierte. Das war sein »money in the bank«, er hatte quasi ausgesorgt. Quasi. Denn jetzt stand er bei Netto und zählte Cent-Münzen in seinem ledernen Geldsäckchen. Würde es reichen für extrem viel Bier und das Mirácoli-Derivat des Discounters?

Super-Lupo kratzte sich den Vollbart, der ihm aus Mangel an Rasur-Motivation und vor allem auch aus Mangel an den teuren Gilette-Mach3-Klingen einfach irgendwann gewachsen war.

Zwei Fragen.

Erste: Wie weit konnte man finanziell beim Essen runtergehen – zugunsten von Saufen? Zweite: War man bereits asozial, abgehängt, verloren, wenn man sich überhaupt schon die erste stellte?

Mit einem Seufzen griff Super-Lupo die Eigenmarke Adelskrone, Sorte Export. Als er sich wieder aufrichtete, zuckte er zusammen. Zwei Mädchen standen direkt neben ihm. Sie schauten prüfend. Super-Lupo dürfte doppelt so alt wie die beiden Schulpflichtigen sein, wurde aber dennoch sofort rot. Zum Glück würden sie das kaum bemerken, der Bart und seine langen seidigen Wimpern verbargen ungefähr 98 Prozent seines Gesichts.

Das eine Mädchen flüsterte der anderen was zu. Super-Lupos Tinnitus machte es allerdings unmöglich, etwas zu verstehen. Tja, im Hier und Heute, im Netto am Stadtrand rächten sie sich also doch, die vielen Jahre, die er auf Konzerten direkt vor den Boxen verbracht hatte.

»Live fast, die young!« Hatte bei all den übersteuerten Rockkonzerten doch keiner ahnen können, dass Super-Lupo anscheinend 100 werden würde. Oder zumindest Mitte 30. Horror. Total die Super-Gene zu besitzen war ein Stück weit auch ein Fluch. Der Tod kam einfach nicht an ihn ran.

Super-Lupo musterte die Mädchen, sie schauten fragend, hatten Ohrringe von Hello Kitty. Sicherlich kampferprobt, vermutlich weibliche Streetgang.

Resigniert und damit es nicht total peinlich wurde, kramte Super-Lupo sein zerschlissenes Geldsäckchen hervor und hielt es den beiden hin. Zu vertraut war ihm die Erinnerung an einen Beitrag im ZDF auslandsjournal, dort war eine Straßenbande in Venezuela vorgestellt worden. Der jüngste von denen, drei Jahre oder so, raubte Touristen brutal tapsig und nur mit einem rostigen Dosenöffner bewaffnet aus. Mädchen waren auch dabei, die waren die Schlimmsten. Killer! Ey, ZDF machte einen so fertig.

Die circa 13-jährigen Mädchen schauten ratlos auf Super-Lupos Geldbörse. Es bestand offenbar eine kleine Chance, dass sie ihn doch nicht abziehen wollten.

»Ist des die Band Pearl Jam auf Ihr'm T-Shirt, Du Opfa?«, lispelte die eine sichtlich aufgeregt.

Super-Lupo sah an sich herab. Unter Flecken und auf dem verwaschenen Aufdruck zeichnete sich tatsächlich die beleidigte Fresse von Eddie Vedder ab, dem Sänger von Pearl Jam.

»Ja.«

Pause.

Super-Lupo bemühte sich, die Unterhaltung mit der neuen Generation in Gang zu halten: »Wollt ihr das rippen?«

Die beiden giggelten.

In ihrem Einkaufskorb lagen Ferrero Küsschen, ein paar Fruchtjoghurts und ein großer grüner Apfel.

Jetzt sprach die andere, sie trug eine feste Spange und war noch schlechter zu verstehen als die Lispelnde.

»Gumma, Lena, un' zon Bart hatter Mann. Voll wie auf Kleiderkreisel im Thread!«

Die zweite, Lena, nickte. Dann platzte es aus ihr raus: »Sind Sie ein Hipster? Mit so Neunziger-Retroklamotten und alles?«

Super-Lupo überlegte kurz, antwortete wieder: »Ja!«

Lena und ihre Freundin strahlten. Dann rannten sie zügig und quietschend zur Tiefkühlkost.

Hipster.

Super-Lupo sah sich plötzlich in einem ganz anderen Licht.

Mmh, Hipster!

Und auf einmal hatte er Bock, sich was anderes zu kaufen als Primana Spaghetti und Adelskrone Export. Raus mit diesen Mühlsteinen. Das war nichts für Hipster. Stattdessen kaufte er einen Energydrink, Rasierwasser, Odol-Mundspray und ebenfalls einen großen grünen Apfel. Super-Schneewittchen war dem Glassarg entstiegen. Das spürte er. Man musste nur lang genug warten, immer weiter zurückfallen und dann war man wieder ganz vorn. The trend is your friend. Beziehungsweise »wer immer zu spät kommt, kommt irgendwann ganz früh«, wie es bei dem Musiker Knarf Rellöm hieß. Und genau so musste es sein.

* * *

Das war vor etlichen Wochen gewesen: die Netto-Experience! Doch jener drohte nun wieder der große Schlaf zu folgen. Denn trotz Odol, Taurin und Axe hatte nichts mehr an diese Begegnung anknüpfen können. Keine echten Girls in Super-Lupos Alter bemerkten, dass er durch den Zirkelschluss in der Popkultur zum ganz heißen Scheiß geworden war.

Er musste also selbst aktiv werden.

Hallo elitepartner.de!

Hallo Weiber!

Oder, wie es laut der Seite korrekt hieß: Hallo Akademiker-innen mit Niveau – und Busen.

Dort erwartete ihn erst mal ein Persönlichkeitstest. Es wurden harte Fakten und weiche Daten abgefragt. Eigentlich ein Grund, nicht oder falsch zu antworten. Immerhin war Super-Lupo geheimnisvoll. Doch wie sollte er einen langen Strandspaziergang mit der neuen Geliebten machen, wenn dabei dann rauskäme, sie sei tatsächlich Fan von Schla-ger, CDU und Architektur – und hatte das nicht bloß wie er zur Tarnung angekreuzt? Und mochte am Ende sogar lange Strandspaziergänge. Dafür war Super-Lupos Körper gar nicht geeignet. In Sandalen und Badehose durfte einen der geliebte Mensch nie sehen. Soviel stand ja schon mal fest.

So blieb ihm nichts anderes übrig, als wahrheitsgemäß Auskunft zu geben auf alle bohrenden Fragen von elite-partnerhitler.de – sei es nach Größe, Gewicht, Lieblingstier oder Jahresbruttoeinkommen (ohne die Zahlen wirklich zu betrachten, hakte Super-Lupo die niedrigste an).

Sollte diese Webseite doch alles wissen.

Super-Lupo zündete sich eine selbstgedrehte Jakordia an.

»Das hier ist zwar Vorratsdatenspeicherung. Aber Vorratsdatenspeicherung der Lust!«

Er war schon fast überzeugt von dieser Sichtweise. Ja, so funktionierte Autosuggestion.

Autosuggestion der Lust!

In seiner Wohnung roch es irgendwie säuerlich, das musste auch noch aufhören, wenn er hier je eine Elitepartnerin empfangen wollte.

»»Den anderen so annehmen, wie er ist« – stimmen Sie dieser Aussage sehr, nicht so sehr, ein wenig oder gar nicht zu?«

Super-Lupo bespiegelte sich begeistert selbst. Ha, diesen Fragebogen würde er gewinnen! Doch bevor er auf »vollste Zustimmung« drückte, fiel ihm ein, wie entsetzlich ein Leben sein müsste, in dem man einen Menschen annahm, der zum Beispiel die Red-Hot-Chili-Peppers-Phase Mitte der Neunziger mit Dave Navarro am liebsten mochte. Also die ohne John Frusciante. Was für ein abartiges Schwein musste das sein, das diese scheußliche Episode präferierte? Super-Lupo fürchtete, sich übergeben zu müssen.

Nein, das mit der Toleranz musste man sich noch mal überlegen. Sehr gut überlegen! Super-Lupo wählte: »Den anderen so annehmen, wie er ist? – Stimme gar nicht zu.«

Puh, das war gerade noch mal gut gegangen. Am Ende hätte er mit jemandem küssen müssen, der seinen Musikgeschmack nicht komplett teilte. Da konnte man ja gleich die Giraffe im Zoo heiraten – oder ein Snickers.

Der Kram hörte aber auch gar nicht auf: »Gemeinsam Verantwortung für Kinder übernehmen«, »Zusammen eine finanziell gesicherte Zukunft aufbauen«, »Den anderen attraktiv finden« ... Super-Lupo wurde ganz schlecht, klickte aber tapfer weiter. »Stimme nicht zu«, »Stimme überhaupt nicht zu« und so weiter.

Bei Hobbys dann erneut Unstimmigkeiten. »Bevorzugen Sie andere Freizeitbeschäftigungen, die nicht in der Auflistung genannt sind?«

Na, klar, elitepartner.de. Wie musste man denn auch drauf sein, wenn auf einen Dinge zutrafen wie: »Natur«, »Familie«, »Sport«, »Internet«, »Boot«, »Theater«, »Oper«, »Reisen«, »Fotografieren«, »Vereinsarbeit«?

Okay, »Internet« … das würde noch gehen. Aber dann hielt man ihn garantiert für einen bleichen Wichser mit schlechter Haut.

Mmh.

Super-Lupo kratzte sich im Bart, trug dann ins freie Feld ein: »Pfand«, zog an der Jakordia, ergänzte: »und Rauchen!«

Sehr gut. Aber waren Armut und Lungenkrebs wirklich derartige Love-Magneten? Bei allem Willen zu Offenheit und Transparenz tauschte er doch noch mal. »Sportwagen und sehr teure Uhren«.

Besser.

Viel besser.

Jetzt war er unaufhaltsam, jetzt war er gold.

Doch dieselben Schwierigkeiten nur ein Klick weiter bei der Frage, die ihm sofort als die wichtigste erschien:

»Welche Musik mögen Sie?«

Die Auswahl: »Gospel«, »Oper«, »Blues«, »Radio«, »Chanson«, »Chillout«, »Reggae«, »Jazz«, »Dance«, »Klassik«, »Rock«, »Latin«, »Schlager«, »Funk«, »Musical«.

Was für unfassbare Unmenschen hatten bloß diesen Fragebogen erstellt? Super-Lupo fiel dazu nichts mehr ein. Okay, bis auf mehrseitige Erläuterungen zu seinem Musikgeschmack, die es in das – immerhin – zur Verfügung stehende Feld »Sonstige« einzutragen galt.

Damit war das wertvolle Thema Musik allerdings auch schon vorbei. Stattdessen dachte der digitale Heiratsvermittler, in der Liebe würde es dauernd ums Wohnen gehen. Gefühlt Dutzende Antworten musste man sich abringen zu Einrichtung, Möbel, Tapeten.

Wozu ein Haus verschönern, wenn man eh nur darin wohnt?, dachte Super-Lupo, verteilte seine Kreuzchen aber moderat. Denn wenn Wohnen so wichtig war, dann wollte er darin nicht total schlecht rüberkommen.

»Wie würden Sie am liebsten wohnen? – Bitte wählen Sie die Wohnform aus, die Ihnen am meisten zusagt – unabhängig von Ihrer tatsächlichen Wohnsituation.«

Unabhängig von der tatsächlichen Wohnsituation? Ein Glück!

Denn keins der angebotenen Bilder spiegelte Super-Lupos Lebensraum auch nur annähernd wider. So viele volle Aschenbecher hätten wohl auch gar nicht aufs Bild gepasst.

»Das Familienhaus«, »Die Künstlerwohnung«, »Die ruhige Stadtvilla«, »Der avantgardistische Neubau«, »Das Landhaus im Grünen«.

Die Künstlerwohnung konnte er wohl kaum nehmen, die sah aus wie das Schloss Bellevue von innen, nur mit mehr Skulpturen und Zimmerbrunnen. Was genau stellte sich elitepartner.de noch mal unter einem Künstler vor?

Super-Lupo blickte erneut in die stabile Notlage seiner tatsächlichen Wohnsituation. Aha. Unzählige leere Bierflaschen, überall Nester grauer Wäschehaufen, und wieso macht man sich eigentlich Notizen an die eigene Wand mit Edding? Sah echt nicht so gut aus, nicht mal in dem »avantgardistischen Neubau« hatten die sowas. Ach, herrje. Der neoliberale Scheißblickwinkel von dieser Partnerbörse hatte bereits auf ihn abgefärbt. *Elite*partner, das klang doch eh schon wie FDP und Fascho.

Aber es gab kein Zurück mehr. Super-Lupo, der Retro-Hipster, musste es durchziehen, sonst war es aus mit langen

Strandspaziergängen, Schöner Wohnen, Oper und auf was er sonst noch alles keinen Bock hatte.

Er wollte einfach nur was mit Löffelchenstellung und die Schachtel Zigaretten danach. Stattdessen bekam er allerdings »Welche Jahreszeit ist Ihnen die liebste?«

Diesmal gab es kein Zusatzfeld für Extravaganzen. Die Optionen »Frühling«, »Sommer«, »Herbst« und »Winter« deckten das Spektrum ohnehin fast 100 Prozent ab.

Minuten später konnte sich Super-Lupo nicht mehr erinnern, was er gewählt hatte. Doch der Fragenkatalog war geschafft. Eine Psychoanalyse könnte kaum erschöpfender sein. Super-Lupo dachte an Bier.

Da rauschten auch bereits die ersten Partnervorschläge des elitepartner.de-Algorithmus' rein. So schnell fand man also die Liebe seines Lebens. Superfantastisch!

Die Bilder zu den Vorschlägen waren leider verpixelt, was zu sehen gab's erst, richtete man den zahlungspflichtigen Premium-Account ein.

Dieser Entwicklung sah Super-Lupo sorglos entgegen. Auf einer nutzlosen Fortbildung beim Jobcenter hatte er einen wertvollen Computer-Nerd kennengelernt, der gab den Kurs. Robert hieß er, von seinen wenigen Freunden allerdings Robbe genannt. Der hatte ihn damals mit gecrackten Passwörtern zu allem und jedem im Netz versorgt. Er ging dessen Dokument durch. Huch, alles bloß für Pornoseiten?

»Egal«, hörte er sich sagen, »man sieht ohnehin nur gut mit dem Herzen!«

Oh weh, mit sich selbst sprechen, auch so eine Unsitte, die es abzustellen galt, wenn man plötzlich eine eigene Partnerschaft besaß.

»Sei einfach nicht du selbst«, erinnerte sich Super-Lupo an den großen Philosophen aus Lüdenscheid, na, Namen vergessen, ärgerlich, gleich mal nachschlagen, nee, nicht jetzt, jetzt erst mal Mausi29 auschecken. Ihr Profil brachte es auf 99 Matching-Punkte mit dem von Super-Lupo. Absolut traumhaft, er ging sich durchs Haar. Der einzige Punkt, der zum perfekten Match fehlte, durfte wohl der Spruch sein, den jeder seinem Profil beizugeben hatte.

Mausi29 hatte gewählt: »Ein Tag ohne ein Lachen ist ein verlorener Tag«. Dieses zertretene Bonmot von Charlie Chaplin dürfte so ziemlich das untrüglichste Indiz von Humorlosigkeit sein, das es gab. Aber seiner Traumfrau Mausi29, Berufsschullehrerin, wollte er diesen Missgriff nachsehen. Das System wies sie als »gerade online aktiv« aus.

Der Button »Starte Chat« lockte ... drohte. Trotz allem Ekel vor Spontaneität, Super-Lupo drückte.

Sanduhr.

Letzte kurze Pause für die Ausschüttung von Stresshormonen.

Ein Fenster öffnet sich.

[Mausi29] »Hi :)!«

Wow, wie cool war die denn drauf? Und wie konnte er am besten reagieren? Super-Lupo legte in Word ein zusätzliches Fenster an, um dort einige Anreden zu testen. Yo, hey, hallo, verstehste?, ei gude wie, moin, alles swag? ...

Wie das alles aufgesetzt wirkte! Es gibt keine vernünftige Sprache für Emotionen. War ja klar. Aber warum kam das ausgerechnet jetzt raus?

[Mausi29] »??«

Rauszögern, galt das nicht für Frauen als total toll in der Liebe? Na, wenn dann vermutlich eher beim Orgasmus und nicht bei der Anrede. Hatte Super-Lupo irgendwo noch

Arsen? Auch ein Ausweg. Doch beim Chat konnte man ja den Rechner nicht verlassen. Ungeschriebenes Gesetz der Generation WhatsApp. Super-Lupo würgte. Mausi29, geschieden, drei Kinder dürfte nicht amüsiert sein am anderen Ende des Internets. Und Deutschlands. In den einen fehlenden Matchingpoint spielte offensichtlich auch hinein, dass die unternehmungslustige Schütze-Frau im Allgäu und damit Luftlinie 600 Kilometer von Super-Lupo entfernt wohnte.

Luftlinie of Love!

Super-Lupo bewegte seine eiskalten Finger auf die Tasten, die Knöchel zeichneten sich weiß ab, er war drauf und dran, ein Wort zu tippen, er hatte Schmetterlinge im Bauch ...

[Mausi29 hat den privaten Chat beendet]

Hoppla.

Das hatte die Achtzigerjahre-Poprock-Sängerin Pat Benetar also gemeint, als sie sang: »Love is a Battlefield«.

Alle Schmetterlinge waren tot und lagen wie saurer Kompost in Super-Lupos Magen. Sein Herz war gebrochen, hipstermäßige Coolness hin oder her. Das konnte doch keiner verkraften. Kein Wunder, dass Liebe und Beziehung so einen schlechten Ruf besaßen. Das war ja wirklich die Hölle. Ob er ein Stück Butter essen sollte? Essen aus Frust, kannte man doch von »Sex and the City«.

Ach, wem wollte Super-Lupo etwas vormachen? Sein Referenzkosmos war »Bauer sucht Frau« und seine Butter hieß Sanella. Mausi29 war aus seinem Leben gerissen worden. Super-Lupo, der fettige Grunge-Fan aus der Großstadt, schämte sich seiner Tränen nicht. Und er beweinte mehr als bloß die unternehmungslustige Allgäuerin. Seine Tränen galten den ganzen Traurigen jenseits und in Beziehungen. Super-Lupo weinte ihnen einen Fluss.

Doch als er wieder aufschaute, hatte sich etwas auf dem Bildschirm des schwer brummenden Monitors getan.

[Gertrude81] Hallo, mein Herr.

Super-Lupo konnte es nicht fassen. Eine zweite Chance. Wer bekam denn sowas heute noch? Der Schmetterlingskompost schlug sofort wieder Blasen.
Getrude! 81! Ein Name wie sanft und Seide.
Und ihr Motto erst: »Habe Optik, will flauschen!«
Diesmal würde Super-Lupo es nicht versauen. »Lies es von meinen Lippen, Schicksal!« Diesmal nicht.

[Super-Lupo1] Ich liebe dich!

Mist, ging das eventuell zu weit? Zeit verstrich. Sekunden, Stunden, Jahre. Super-Lupo wagte dennoch nicht zu blinzeln.

[Gertrude81] Ich dich auch.

[Super-Lupo1] ??? Kann nicht sein!

[Gertrude81] Doch!

Ha, Jackpot! Super-Lupo öffnete eine Dose erfrischendes warmes Adelskrone Export. Der ganze Stress mit dem Persönlichkeitstest und das Drama um Mausi29 – also die ganzen letzten 20 schrecklichen Minuten waren vergessen. Wenn man nur liebte. »Wenn man so liebt wie ich!«

[Getrude81] Muss für heute zu Bett, ist meine Zeit.

Super-Lupo schaute zur Standuhr. Es war halb neun Uhr abends. Draußen tobten noch Kinder und die Autos.

[Getrude81] Morgen zeitig zum Optiker, in den Stadtpark Tauben füttern und später noch zum Schmied.

Mmh, ob die 81 wirklich für das Geburtsjahr von Gertrude und nicht doch für ihr Lebensalter stand? Aufregend! Eine ältere Freundin, das hat doch sicher was für sich. Hoffentlich konnte er ihr genug bieten. Am besten heute Abend was auf »ZDF-History« in Schwarz-Weiß gucken.

Super-Lupo würde der beste Boyfriend aller Zeiten werden. Das stand jetzt schon mal fest.

Dann fuhr er herunter.

2

Super-Lupo
schläft mit Schinkenomi und einer Katze

Super-Lupo hämmerte gegen die massive Zellentür, von der an vielen Stellen bereits der graue Lack abgeblättert war. Wohl weil Super-Lupo nicht der erste war, der diesem Ding hier seine Fäuste gab. Er brüllte all jenen, die er auf der Sonnenseite der Tür vermutete, zu: »Wie viele Jahre soll ich denn hier noch sitzen? Gönnt ihr Unmenschen einem keinen Hafturlaub?« – »Hafturlaub?«, höhnte es nach kurzer Zeit von drüben, »Hafturlaub? Sie befinden sich in einer Ausnüchterungszelle. Sie schwaches Schwein!« Super-Lupo hatte sich das angehört, dachte ratlos: Mmh?

Das Ordnungsamt machte ja mal wieder ganz schön Druck. Der fettige Bummelstudent nahm Platz auf der dafür hergerichteten Pritsche, aß das Willkommensminzblättchen von dem Kissen (oder war das nur eine Willkommenskakerlake?). Er überlegte. Warum war er noch mal genau hier? Und stand auf der Decke, die über das Feldbett gebreitet war, wirklich »Eigentum der Stadt Bad Orb«. Kam er nicht von wo ganz anders?

Richtig, aber jenen Ort hatte er verlassen. Gestern früh. Früher als je. Denn Super-Lupo hatte die verflixte flirty Chatterei mit Getrude81 als so interessant, inspirierend und freundlich empfunden, dass er sofort mit ihr schlafen wollte.

Normal.

Bei wem Chatten anders ankam, der musste schon lange tot sein. Hatte zumindest Super-Lupo gefunden, seinen schönsten Cordanzug von Kik eingepackt, belegte Brote zubereitet, Kaffee getrunken und vom letzten BAföG, wie er Hartz 4 aus Scham nannte, eine Fahrkarte nach Bad Orb gekauft. Dort lebte die geheimnisvolle Vollblut-Frau Gertrude81. Bad Orb? Klang ja nicht so cool. Konnte man das irgendwie gentrifizieren? Sicherlich, Super-Lupo selbst war seit Neuestem Hipster und wenn er nach Bad Orb zöge, kämen noch mehr so Leute wie er und dann die Galerien. Nach einem halben Jahr sähe es hier vermutlich aus wie in Brooklyn. Auf das Dankesschreiben des Oberbürgermeisters konnte er sich quasi jetzt schon mal freuen.

Auf dem Bahnhof des Kurstädtchens kaufte Super-Lupo eine Schachtel Pralinen und einen Strauß Blumen. So lief das. Das konnte man auch wissen, wenn man keine Ahnung hatte. Gertrude81s Anwesen war ein größeres Wohnheim, wahrscheinlich für Studenten, er hatte es bereits auf Google Earth angesehen. Ziemlich gemütlich. Statt Halfpipe gab's ein Kneipp-Bad, statt Sperrmüll gab's Parks. Hier in Bad Orb konnte man sicher gut chillen – und schlecht obskure Import-Platten von Aphex Twin kaufen. Konnte sich doch eh keiner leisten. Super-Lupo leckte sich die Hände, um damit seine Haare zu richten, oder besser: zu glätten. Dann klingelte er. Gertrude81 ließ ihn hochkommen, er übergab Blumen und Pralinen. Erblickte beeindruckt ihren grauen Undercut, den Rollator voller Bandaufkleber und sah in ihre sexy milchigen Augen. Und dann, ja, dann war erst mal nicht so gut. All die

Selbstverständlichkeit des Chats war fort, kein Gesprächsthema überdauerte mehr als ein paar Sätze. Sie saßen auf der Couch und aßen Torte, hörten Platten von Enrico Caruso (wer war das noch mal?) und schwiegen viel. Irgendwann ging Gertrude81 an ein kleines Schränkchen, drehte den Schlüssel herum und entnahm eine Likörflasche. Alkohol, der Spinat des Sozialabsteiger-Popeyes. Es konnte nur besser werden. Super-Lupo trank gierig ein volles Wasserglas Baileys. Ganz schön süß. Gertrude81 neben ihm auf der Couch sah ihn an und ... gähnte. Oh, nein. Höchststrafe. Jetzt konnte er sich die Flasche Likör strenggenommen nur noch über den Kopf schlagen. Am besten wäre es, sofort zu gehen. Wenn man wen langweilt, liebt der einen auch nicht. Außer vielleicht man war 20 Jahre zusammen, dann war's aber auch schon wieder egal. Gertrude81 streckte weiter gähnend beide Arme von sich. Ist ja gut, dachte Super-Lupo, will sie's mir jetzt noch reindrücken, oder was? Sie ließ ihre Arme nach dem Räkeln sinken und Super-Lupo spürte: Ihr linker lag nun um seine Schulter. Wow, wie kam das denn jetzt? Da hatte er ja doch echt Glück gehabt, dass sie so gähnen musste. Oder ... war das ein Trick gewesen? Krass! Super-Lupo fühlte ihren Arm in seinem Nacken, er wurde sofort erregt. Klar. Doch er wollte das noch nicht preisgeben, legte viel mehr eine Zeitung auf seinen Schoß, tat unbeeindruckt. Soweit das mit einem rot pulsierenden Kopf und überhöhter Schweißproduktion am ganzen Körper zu leisten war.

Dann sahen sie »Unter Uns«, »Alles was zählt« und »Gute Zeiten, Schlechte Zeiten«. Gertrude81 hatte sehr laut gemacht. Das Prinzip kannte Super-Lupo dabei eher von seinen Lieblingsplatten. Aber formatübergreifend bedeutete Lautstärke eben Dringlichkeit. Und die bestand zweifelsohne hier und jetzt.

Nachdem der Baileys leer war, reichte die Gastgeberin

Bananenlikör. Ebenfalls eine echte Alternative zum ewigen Beck's. Oder zumindest zu jenen Biermarken, die Super-Lupo sich leisten konnte. Er spürte leichtes Sodbrennen und dachte dennoch, wie sehr sich die Fahrt nach Bad Orb und der in den Abend übergegangene Nachmittag gelohnt hatten. Doch das war noch nicht alles. Gertrude81 zog ihn in ihr Schlafzimmer und zeigte ihm Sachen, die er noch nie gesehen hatte.

Zum Beispiel ihren Busen und ihre Scheide.

Doch eigentlich war es mehr metaphorisch gemeint. Gertrude81 hatte unkonventionelle Sachen drauf, ihr sexuelles Repertoire schien endlos. In ganz Disneyland zusammen waren die Fahrgeschäfte nicht so abwechslungsreich. Super-Lupo kam und kam. Irgendwann war es ihm selbst schon peinlich. Aber dann erfüllte ihn ein tiefes Gefühl von Stolz. Wie liebesfähig und liebenswürdig er doch war. Der Liebe würdig! Bad Orb, meine Schatzstadt. Um Mitternacht tranken sie einen Nierentee und teilten sich einen Teller Königsberger Klopse. Knaller. Dann allerdings hieß Gertrude81 Super-Lupo zum Gehen an. Konnte er gar nicht verstehen. Nach all dem?

»Ich darf hier keinen Übernachtungsbesuch haben.«

Super-Lupo konnte das nicht glauben, wer sollte das denn verordnet haben?

»Naja ...«, versuchte er es noch. Dann stand er auch schon vor der Tür. Halb schob sie ihn, halb sank er hin. Vor der Eingangstür ihres Appartements schlüpfte Super-Lupo in seine Jeans, legte sich Kapuzenpulli und Mantel an und verließ das Wohnheim. Der Pförtner grüßte misstrauisch. Draußen war es saukalt. Aber immerhin konnte Super-Lupo rauchen.

Auch ohne Ahnung, Smartphone oder Fahrplan durfte sicher sein, dass von dem Bahnhof dieser Stadt nach Mitternacht kein Zug mehr fuhr. Schon gar nicht in die Favelas einer bekannten Millionenstadt, wo Super-Lupo zu wohnen pflegte.

Zum Glück hatte er vorhin die einzige Flasche Schnaps, die Gertrude81 besaß (Strohrum 80, »zum Backen!«), in die großen Taschen seines Parkas gesteckt. Warum, wusste er auch nicht, oder vermutlich doch. Egal. Die würde ihm sicher noch gute Dienste leisten diese Nacht. Allerdings, um sich wirklich zu bedauern fehlte Super-Lupo nun doch die Motivation.

Hey, er hatte gefickt!

Wie noch nie!

Das war doch nicht nichts!

Super-Lupo lief durch irgendwelche komischen Alleen. Wie das hier aussah. Er war echt gefickt – und voller Sehnsucht. Hätte er nicht bleiben dürfen? Ach, ach! Da hörte er etwas in einem Baum, das ihn ablenkte. Anscheinend ein dickes Tierbaby. In Not? Er ging mal hin. Aha, dickes Tierbaby Marke Katze. Super-Lupo beschloss, es unverzüglich zu retten. Eine Art Stellvertreterkrieg, why not?

»Halt aus!«, krächzte er von der Kälte heiser durch seinen Schal. Als hätte es Sportunterricht nie gegeben, umarmte er den massiven, im bodennahen Bereich stark verschmutzten Stamm. Und zog sich in herausfordernd langsamer Stetigkeit daran hoch. Keine schreckliche Gewissheit, keine tausendjährige Schildkröte könnte langsamer, aber auch unaufhaltsamer kriechen als Super-Lupo. Die schreckliche Gewissheit, dass Gertrude81 ihn vielleicht nie wiedersehen wollte.

Nach ungefähr einer Viertelstunde befand er sich auf dem zentralen Ast des Baumes. Slow and steady wins the race. Das Knacken in seinem Rücken klang wie ein kleiner Applaus. Die angenehm ruhige, verängstigte Katze saß allerdings immer noch einige Meter entfernt auf dem stammfernen Ende des Super-Lupo-Asts. Komischerweise trug der Baum sogar noch vereinzelt gelbe Blätter. Im Winter! In Bad Orb!

Super-Lupo: »Kommst du bitte?«

Die Katze leckte sich die Pfote. Na so was.

»Das kannst du doch auch unten machen!«, brüllte er und erschrak selbst.

Sofort unterbrach die Katze ihre Tätigkeit und sah traurig aus. Super-Lupo bedauerte seinen Ausraster. Sollte das Tierkind sich doch putzen. Er wartete. Und hängte sich dabei faultier-mäßig kopfunter an den Ast, den er mit Schenkeln und Händen umklammerte. Alles war jetzt andersrum. Eine ungewöhnliche Perspektive. In der auch sonst so einiges geschah. Was Super-Lupo aber aufgrund der übermäßigen Kletteranstrengung seines biergestählten Körpers gar nicht wahrnahm. Vornehmlich ergoss sich der Inhalt der Strohrum-Flasche, die er in den cargo-großen Taschen seines Parkas geöffnet mitführte, durch die Wendung des Geschehens fast völlig in das Jackenfutter. Ein sanft schmeichelndes *gluck, gluck, gluck* hätte er vielleicht hören können. Doch das in seinem Kopf zusammengelaufene Blut dröhnte zu laut dafür. Immerhin hörte er die nun nervös fauchende Katze, die es zu retten galt, bevor er endlich wieder an Gertrude81s Busen denken konnte.

»Nicht fauchen! Was wir benötigen, ist eine taktisch kluge Entscheidung in dieser für uns beide ungewöhnlichen Lage.«

Dem Tier schien dennoch durch seinen herankriechenden Retter immer unwohler zu werden. Er würde wohl die verwirrte Katze zu ihrem eigenen Wohl überwältigen müssen. Wenn er sie denn endlich erreicht hatte. Dazu fehlte nicht mehr viel. Zum Glück, denn der Ast neigte sich unter Super-Lupos Gewicht schon ungünstig und knirschte porös. Aber Hauptsache, man war ein Held. Er hing weiterhin in ansehnlicher Höhe mit dem Kopf nach unten. Auf der Straße näherte sich eine Gruppe Polizisten mit derben Gesichtern. »Was machen Sie da oben?«

»Ihren Job!«, antworte der Super-Lupo ehrlich. Auf die Polizisten tropfte Jacken-Rum. Sie gingen ein wenig zur Seite.

»Ich rette diese Katze hier!«

Super-Lupo zeigte auf das Astende, auf das er seit geraumer Zeit zukletterte. Die Bullen leuchteten mit ihren Stabtaschenlampen dorthin. Keine Katze zu sehen.

Super-Lupo: »Ist wohl abgehauen, als Sie auftauchten. Wer will es ihr verdenken?«

Das kam nicht so gut an. Selbst wenn er auf diese Aussage hin keine Antwort von unten erhielt.

Vielmehr hatten die Beamten ihre eigenen Fragen: »Was wollen Sie in Bad Orb? Sie sind doch nicht von hier.«

Herrje, wie pittoresk. In diesem Kaff kannten sich alle untereinander, oder was? Und wenn sich einmal ein Sextourist im Baum verirrte, rückte schon die halbe Bereitschaft an.

»Es geht Sie zwar nichts an, aber ich habe meine Freundin besucht.«

»Und wo wohnt diese Freundin?«

»Mann, dahinten in dem weißen Wohnheim. Lassen Sie sie aber bloß raus aus der Sache. Kann echt sein, dass die gar nix mehr von mir wissen will.«

Jetzt war es raus. Super-Lupo hatte geplaudert. Vor den Bullen. Todsünde!

»Ich glaub, der hatte was mit Schinkenomi, die lässt aber auch echt nichts anbrennen«, sagte unten einer der Idioten zum anderen. Keine Ahnung, was das jetzt heißen sollte.

Dann wandte sich der mit der hellsten Lampe wieder direkt an den Baum.

»Sie meinen in dem Stift ›Zur Schattigen Pinie‹?«

»Was weiß ich denn, wie das Ding heißt!« Schon besser, Super-Lupo kam wieder halbwegs auf Kurs. Rückfragen zu seinen Sorgen wegen der vermutlichen Trennung durch Gertrude81 kamen überdies nicht. Recht so, wenn auch irgendwie unsensibel, fand Super-Lupo.

Dann geschah eine ganze Weile gar nichts. Dann: Super-Lupo rief der Polizistengruppe von oben unvermittelt zu: »Ich komme!«, und hatte sich auch schon entschieden vom Ast losgesagt. »Hey, fangt mich bloß!«, verlangte er noch, während er unheilsahnend in die Tiefe stürzte.

Die Polizisten stoben feige auseinander.

Kurz vor dem Aufprall bereute Super-Lupo, dass er losgelassen hatte – war aber dennoch zu stolz, um sich irgendwie noch groß mit den Händen abzufangen. Er war Grungemusikfan und kein Profi-Athlet. Dann wurde es von einem zum anderen Augenblick über die Maßen schmerzhaft, dann dunkel.

Und jetzt, jetzt saß er also hier rum in einer Ausnüchterungszelle in Bad Orb.

»Also Gertrude81 werde ich auf keinen Fall anrufen. Die soll mich nicht so sehen.« Er zog sich die Decke zurecht. Kalt war es, nicht mal den Parka hatte man ihm gelassen. Doch ewig wird man ihn nicht hier behalten können – und wollen. Und dann würde er noch mal Pralinen besorgen, prächtige Blumen und zurück zur »Schattigen Pinie«. Wenn es einmal, ein einziges Mal, doch so schön gewesen war, dann durfte man nicht so leicht aufgeben. Nicht mal Super-Lupo.

Ein Glück wusste er das.

3

King Hörnchen
verkauft getragene Wäsche
auf kleiderkreisel.de

King Hörnchen rannte durch die Cafeteria. Endlich wieder
Schulbeginn!, dachte sie, und erschreckte sich sofort vor diesem Gedanken, ihre Haare wippten im Fahrtwind.

Vor ihren Freundinnen würde sie dieses Hochgefühl aber
gleich anders formulieren. Zum Beispiel: »Ich häng mich auf,
der Unterricht geht los!«

Man wollte ja nicht als Strebersau in die neue Saison starten. Es kam ihr selbst suspekt vor, doch das innere Leuchten
würde sie kaum abstellen können. Leucht, leucht!

Das Ausschlafen die letzten Wochen, ja, das war schon
gut gewesen, doch die ganze Zeit im Kirschbaum sitzen, mit
dem Hund raus oder batiken, in den Kühlschrank gucken,
»5 Freunde« lesen ... Irgendwann hatte man auch das über.

»Ich wünsche mir ein Schokokussbrötchen!« strahlte King
Hörnchen die Bedienstete in der Cafeteria der Käthe-Kollwitz-Schule an. Der hätten große Ferien im Kirschbaum aber
auch gut getan statt offenbar in einer Kneipe. Ihre Haut war

weiß mit einigen roten Flächen, das Haar stumpf, zu einem toten Dutt geknäult. Um den Hals hing ein Kruzifix.

Sollte Jesus sie retten, damit hätte der schon mal einiges zu tun, dachte King Hörnchen und entnahm der schuppigen Hand der Angestellten das Brötchen. Vorsichtig, so dass es zu keinem Hautkontakt zwischen ihnen kam – schlimm genug, dass die Alte das Backwerk nicht mit Handschuhen anfasste. Gab es da kein Gesetz gegen? Brüssel?

King Hörnchen wetzte weiter, biss unterwegs ab. Ihr Ziel: der Aufenthaltsraum B12. Da waren ihre Leute, da war ihre Hood. Wenn nicht gerade Unterricht lief, versteht sich.

Sie erreichte ihn und sah sich um.

Irgendwie anders. Nur Fremde. Neue Kinder, Halbstarke, alle mit so Rucksäcken, alle am Arsch. King Hörnchen klopfte sich Brötchenstücke vom T-Shirt, säuberte mit der Zunge die feste Spange. Kann doch nicht sein. Wo waren denn alle?

Es musste doch noch die übliche Partie Schafkopf vor der ersten Stunde gespielt werden. Schafkopf, Doppelkopf, Offiziersskat, Geberskat, sowas eben.

In Aufenthaltsraum B12 zeichneten sich aber einfach keine bekannten Gesichter ab. Bis auf Emma aus Rheinland-Pfalz, die ging in King Hörnchens Klasse, war der aber einfach nicht krass genug.

Doch zu spät. Sie bewegte sich auf King Hörnchen zu, ihr suchendes Umherblicken zog also schon die Fliegen an. Peinlich. Wollte die jetzt ihre Freundin werden? In King Hörnchen krampfte sich alles zusammen.

Emma aus Rheinland-Pfalz guckte durch eine randlose Brille.

»Is' des'n Dickmannbrötsche?«

King Hörnchen hielt es instinktiv von ihr weg. Nicht dass die hier gleich nach ihrer Hand schnappte. Ihre Tetanus-Impfung war zwar letztes Jahr erst aufgefrischt worden, aber man musste es ja nicht drauf anlegen. Und überhaupt ...

»Boah, das darf man doch nicht sagen! Das ist diskriminierend.«

»Ach so?«, erwiderte Emma aus Rheinland-Pfalz.

»Ja, gegenüber Fetten, glaub ich. Das heißt jetzt Schokokussbrötchen!«

Emma schaute ertappt. Und zog den Bauch ein. King Hörnchen sah, wie sich der bis zum Platzen gespannte Stoff an den Nähten und um die Knöpfe langsam entspannte.

»Wo sind die anderen?«, fragte King Hörnchen.

»Draußen!«, antworte Emma aus Rheinland-Pfalz motiviert. »Ich glaub', da geht was vor! Aber ich wollt' erschtmo Pippi mache. Kummscht mit, mir könne uns dann schmingge!«

Das war King Hörnchens Stichwort, lieber kickte sie auf ewig allein im Pausenhof eine Getränkedose, als dass sie diesem Schrottvogel beim Strullen zuhörte und sich nachher von ihren urinnassen Fingern noch den Lidstrich ziehen ließ.

Draußen sah sie dann endlich bei der großen Trauerweide und etwas abseits ihre Leute, ihre Clique. Was ging denn nun vor bei denen? Warum standen die jetzt draußen? Gummitwist? Dafür waren sie mittlerweile zu alt. Dann vermutlich Rauchen.

Das offizielle Ende der Kindheit, wenn man sich eine Schachtel Peter Stuyvesant kaufte.

Nun war es also soweit. Ach, warum nicht? Endlich Schluss mit dem Wachstum ihrer Brüste, endlich Risikogruppe. Wie sie es von ihrem Bruder King Cobra schon längst kannte. Den hatte sie einst immer mit minzfrischem Atem angepustet und ihm Vorhaltungen über beziehungsweise gegen Nikotin gemacht. Tja, das war einmal, dachte sie gleichsam voller Aufbruchskribbeln und Wehmut und trat an die Gruppe heran. King Angela, King Simone, King Maria, King Elena und Queen Latifah.

Jetzt als Raucherinnen standen ihnen wirklich alle Türen offen.

»Habt ihr auch mal eine für mich?«

King Angela sah kurz auf.

Sagte nix, aber ihr Blick beschrieb grob so etwas wie: »?«

»Na, ich will halt auch eine!«, entgegnete King Hörnchen.

»Eine was?«

»Na, eine Zigarette. Ich glaube, meine Marke wird ›West Light‹, das Grau passt gut zu allem.«

King Angela zog eine Augenbraue hoch, sie zupfte offenbar neuerdings, bemerkte King Hörnchen. Das war wirklich der Sommer ihres Lebens.

»Wir haben doch noch nie geraucht, wieso denkst du, machen wir das jetzt? Und du warst doch immer selbst am meisten dagegen!«

King Hörnchen wurde unruhig und dann auch noch angemacht.

»Ja, bist du bekloppt, oder was?«, King Simone fasste sich ans Dekolleté. »Glaubst du, ich will, dass meine Brüste noch langsamer wachsen?«

»Nein, das möchte ich natürlich nicht«, sagte King Hörnchen. Aber was war denn jetzt bloß das Neue?

Alle schwiegen und wischten über ihre iPads.

Das war es!

»iPads, das ist der Unterschied zu vor den Ferien!«

»Blitzmerker«, kommentierte King Angela und schaute wieder nach unten auf ihr Brettchen.

King Hörnchen wünschte sich bereits hart, Kettenrauchen oder gar Zigarren wären das nächste große Ding in ihrer Gruppe gewesen. Denn so, wie es jetzt aussah, hatte sie nur

Nachteile durch die Entwicklung. Alle Aufmerksamkeit bekamen die Geräte.

Menno, dachte King Hörnchen, sagte aber: »Und wieso steht ihr draußen mit den Dingern?«

Schweigen.

Das gab's doch alles gar nicht.

Dann bequemte sich King Maria, die bedenklich braun geworden war über die großen Ferien, zu antworten.

»Yo, hier beim Baum gibt's freies WLAN! Das heißt, ist eigentlich gesichert. Also passwortgeschützt. Ist das vom Rektor. Sein Code lautet ›Lernen1‹. Der ist so doof, der CDU-Ingo.«

Sie grinste verächtlich, King Hörnchen sah ihre weißen Zähne. Der Kontrast zu ihrer Bräune war ja obszön.

»Wir machen ab jetzt alles online«, schloss King Angela die Unterhaltung.

King Hörnchen stand blöd rum, vom Leader der Gang zum Zaungast in nur sechs Wochen. Wenn das die digitale Revolution war, dann wollte sie lieber analog bleiben.

»Aber wir hatten doch im Frühling überlegt, ob wir nicht Punkerinnen werden wollten«, versuchte sie es noch mal.

King Maria: »Yo, wir sind Punks mit iPad!«

Ach so?

»Aber das kann man doch gar nicht. Als Punk muss man auch Dinge kaputtmachen. Mit der Hand und so.«

»Nee, gehste einfach auf sachbeschaedigung.de. Da gibt's auch 'n Forum und 'n putpat-player.«

Also, dass das nicht dasselbe war, konnte sich King Hörnchen auch ohne iPad denken. Überhaupt:

»Wo's dein iPad?« King Elena, die wunderschöne rothaarige Russin bequemte sich auch noch mal zu einer Ansprache in ihre Richtung. Einst hatte sie King Elena Deutschland gezeigt, jetzt guckte die nicht mal mehr hoch.

»Ich hasse iPads! Das macht einem die tolle Phantasie kaputt!«, rief King Hörnchen.

»Kannst mein Altes haben«, bot King Elena an.

Niemals, dachte King Hörnchen. Und sagte:

»Okay!«

Die nächste Pause standen sie wieder unter dem großen Baum. King Hörnchen hatte sich bereits an das Wischen und das Gucken gewöhnt. Das war also nun ihr Leben. Sie sehnte sich nach einer Zigarette oder endlich in Ruhe davon zu erzählen, wie King Pommes sie bei der Eröffnung des neuen Rossmann hinter der Kirche geküsst hatte. Mit Zunge und voll gesabbert hatte der.

Sie hatte vorhin versucht, es King Simone zu erzählen. Doch selbst die hatte die Romanze des Jahres mit der Hand auf dem Touchpad und ohne eine Rückfrage an sich vorbeirauschen lassen.

Hallo! King Pommes hatte sie geküsst! Der Schwarm der Stufe mit dem niedlich gekräuselten Haar, der Narbe und der leichten Akne. Dreamboy!

Alles keine Ware mehr. King Hörnchen ertappte sich, den Kuss selbst schon als völlig wertlos zu erachten. Und setzte ein paar Likes unter die Urlaubsfotos von King Maria auf Facebook. Vier Wochen Kenia. Das erklärte einiges.

»Ey, King Hörnchen, du wischst, lädst down und likest, aber du fühlst es nicht. Ich seh es in den Augen deiner Selfies!«

Huch! Sie schaute zu King Angela. Wie hatte die das denn gemerkt und wie sektenmäßig kam das rüber? Dagegen war »1984«, das sie gerade in Sozialkunde bei Herrn Schwietring – vermutlich Alkoholiker – durchnahmen, voll die easy Abhängerei.

»Ich geb dir mal eine Aufgabe«, hob King Angela an, King

Hörnchen wurde schwarz vor Augen, sie biss sich auf die Lippen, es schmeckte metallisch, jetzt bekam sie schon von der Co-Leaderin der Clique »eine Aufgabe«, wie schlimm würde es denn noch werden? Wäre sie doch bloß sitzengeblieben. Dann hätten ihr jetzt gerade nachwachsende Rohstoffe an Fans in Aufenthaltsraum B12 beim Schafkopfturnier zugejubelt und sich nach allen Details über den bonbonsüßen Atem von King Pommes erkundigt.

»Die Aufgabe ist ... richte dir einen Account bei kleiderkreisel.de ein und versuche, keinen Mega-Fun in der Community zu haben. Spoiler: Es wird dir nicht gelingen.«

»Yo, mein Lieblingsthread da ist ›Was war das bescheuertste Geschenk, was du von deinem Freund bekommen hast?‹«, ergänzte King Simone, »Ey, da gibt's nur so geile Sachen – und natürlich Klamotten.«

Ja, was auch immer. King Hörnchen fuhr mit dem Bus heim, ein Kaff vor Endstation musste sie raus. Kleiderkreisel, alles klar.

* * *

Zwei Monate später.

Von unten rief Mutter in King Hörnchens Zimmer.

»Komm jetzt endlich, der Bus fährt!«

Es ging mal wieder um die Schule. Schon klar.

»Nee, heute ist kein Unterricht. Also wir sollen von zuhause am Rechner arbeiten. Ist so ein Musterprojekt, ›Schulen ins Netz‹. Ich find's auch doof, das Leben spielt sich draußen ab und wir müssen hier drinnen hocken. Aber man muss gehorsam sein.«

»Du lügst doch!« Mutter klang sehr gereizt.

King Hörnchen blieb wohl nichts anderes übrig, als die Wahrheit zu sagen.

»Mmh, dann bleibt mir wohl nichts anderes übrig, als die Wahrheit zu sagen. Also unsere Klassenlehrerin Frau Drudenfuß hat einen Knoten im Gehirn. Man soll nicht mehr zum Unterricht kommen, um sie zu schonen ... Falls du sie mal sprichst, nicht wundern, wenn sie kein Wort über ihre schwere Krankheit verliert. Sie ist eine, öh, sehr stolze Frau und der Knoten hat ihr Gedächtnis beeinträchtigt.«

Neben Mutter bellte der Familienhund Luna. King Hörnchen empfand das als Bestätigung.

»Das ist überhaupt nicht die Wahrheit. Und mit dem Hund warst du auch ewig nicht mehr draußen, Fräulein.«

Ja, aber was musste der auch jeden Tag? Der war ein bellendes Fass ohne Boden.

Die Drohung, das WLAN abzuschalten, zermürbte King Hörnchen dann komplett. Da konnte sie ja wirklich gleich in die Schule. Passwort: Lernen1. Außerdem hatte sie da Leute um sich, die sie verstanden. Ab zum Bus. Ab zu Käthe Kollwitz.

Ah, schon besser.

Dahinten bei der Weide im Gegenlicht stand auch schon die Clique, King Angela, King naja, kannte man ja alle, King irgendwas.

»Ach, sieht man dich auch mal wieder?«

Nanu? Wenn King Hörnchen in Bad Vibes und lange Gesichter hätte schauen wollen, hätte sie gleich bei Mutter und Luna im Anwesen bleiben können. Wie waren die anderen denn bloß drauf? Egal, sie musste noch die Tragebilder der alten Ballettschuhe in ihren Shop hochladen, da würden die Anfragen nur so reinregnen, konnte man sich sicher sein, und dann noch in dem Shop von Polkadonkey diese lustige Figur mit dem Bandana yeahen. Ach, Mist. Sachen, die man toll fand, zu »yeahen«, ging ja nach dem letzten Relaunch von kleiderkreisel.de gar nicht mehr. Da würde sie sich auch noch mal die Administratoren wenden müssen – wobei die Admins bei kleiderkreisel ja »das Kommando« hießen und ...

»Hey, ich rede mit dir!«, Hatte King Angela sie etwa angeschrien? War die dumm, oder was?

Sie schaute ihre Freundin an. Nanu, King Angela trug ja ihren linken Arm in Gips und ging an Krücken. Was war da denn passiert? Hatte King Hörnchen es zuletzt vielleicht wirklich übertrieben mit dieser herrlichen Plattform?

»Du musst alles immer übertreiben, Alte!« King Angelas Gips bebte.

King Hörnchen sah in die Runde. King Gipsarm Angela, King Elena, King unbekannt, King unbekannt, King nochniegesehen. Sie durfte es sich nicht anmerken lassen, aber sie hatte offenbar ziemlich den Anschluss an ihr Team verloren. Wer waren bloß die neuen Mädchen? Und wo die Alten?

»Wo ist denn zum Beispiel King Maria?«, fragte sie, irgendwo musste man ja anfangen.

King Angela rollte mit den Augen. »Deren Haut hat sich geschält und jetzt ist sie schwanger.«

Aha? King Hörnchen wunderte sich.

»Hör auf, dich zu wundern. Und nein, die beiden Ereignisse hängen nicht zusammen. King Maria hat in Kenia ihr erstes Mal erlebt.«

Ach, das war ja interessant. Erinnerte King Hörnchen an einen Beitrag im Kleiderkreisel-Forum, da ging es auch um Teenie-Schwangerschaften, man machte sich gar kein Bild, was das allein bürokratisch für ein Act sein musste. Sie las dort eh lieber die Sinnfrei-Threads. Aktuell der witzigste war: »Sex oder kacken – was ist besser?«, da waren über 500 Einträge und ...

»Sag mal, du hörst doch schon wieder nicht mehr zu!«

Himmel, King Angela gab's ja auch noch. Die hatte heute aber einen Lauf.

»Es hilft nichts, King Hörnchen, jetzt ist Intervention. Du kannst nicht immer nur deine Nase im iPad haben. Du verpasst die ganze Schönheit der Welt, die uns Schülerinnen umgibt.«

King Hörnchen sah sich um. Der Boden des Mülleimers an der Laterne war durchgebrochen, darunter häuften sich leere Getränketütchen und amorpher Unrat, der Stoff eines abgebrochenen Schirms wehte matt über die Wiese, es war wolkig, das Schulhaus grau, dahinten befanden sich irgendwo die Fahrradständer.

»Okay, das hier ist jetzt nicht so ein gutes Beispiel«, sagte King Angela gestresst. Sie spürte, wie limitiert der Moment sein dürfte, in dem sie King Hörnchens Aufmerksamkeit besaß. Sie redete daher schneller als üblich.

»Jedenfalls, ach egal. Um dich zur Vernunft zu bringen, kriegst du das iPad wieder abgenommen. Du bist eh zu arm für das Hobby. Apple ist nur was für so Halbreiche.«

Sie gab mit dem Kopf ein Zeichen an King Elena. Die löste sich spürbar nervös aus der Reihe der unbekannten King-Maria-Nachfolgerinnen. Sie hatte wohl Angst, King Hörnchen würde sich nicht so leicht von ihrem Schatz trennen. Ihn King Elena eher über den Kopf oder ihr die schönen Haare ziehen.

King Hörnchen zuckte in ihre Richtung, King Elena erschrak, gab einen kleinen Schrei von sich und sprang wieder einen Schritt zurück.

King Angela blieb hart: »Ich muss darauf bestehen. King Elena, schreite zur Tat! Sie kann dir nichts tun, sie ist ein Vampir geworden, siehst du das nicht?«

King Hörnchen fauchte.

Ängstlich kam die zarte, wohlhabende Russin nah und näher, legte Hand an das iPad. King Hörnchen sah ihr unheilvoll in die Augen, ließ dann aber ... los.

King Elena brachte sich in Sicherheit. Ein Raunen ging

durch die Menge der Umstehenden. Sollte nun alles vorbei sein?

King Hörnchen bückte sich zu ihrer Tasche, holte etwas heraus. Okay, geahnt hatten es die anderen längst: So friedlich würden sie mit dem iPad-Rücknahmebeschluss nicht durchkommen. Hoffentlich kein Bauchschuss, das war ihnen zumindest zu wünschen, denn dass King Hörnchen nun eine Waffe zog, lag für alle auf der Hand. Schließlich war sie nicht nur niedlich, sondern auch fürs Rigorose bekannt.

Metallisches glitzerte. Das war aber doch keine Knarre, kein Messer.

Nanu.

King Hörnchen hatte ein nagelneues iPad7-Silver herausgefischt. Das war doch noch gar nicht auf dem Markt. Gebaut aus der DNA von Steve Jobs, mit Materialien aus der Raumfahrt – aus Mondgestein, aus Kryptonit! »Star Trek« sah daneben aus wie »Western von Gestern«.

Die Sonne brach durch die Wolken, schien auf das iPad7-Silver.

Nur King Angela stand im Schatten der großen Wi-Fi-Weide.

»Geht's noch? Wie viel hat das Ding denn gekostet? Du hast doch niemals das Geld dafür!«

»Doch klar«, King Hörnchen gefiel die Wendung der Ereignisse, genoss die Sonne, »von Kleiderkreisel.«

Konnte das wahr sein?

»Das kann nicht wahr sein!«

Na, King Angela musste es ja wissen.

»Genau, ich weiß es auch. Bei Kleiderkreisel tauscht man die Klamotten und für den H&M-Kram von vorletzter Saison gibt's nur ein paar Euro. Wenn überhaupt!«

»Also ich habe mit Socken, Tops, T-Shirts ein neues iPad gemacht.«

»Wer soll für deine getragenen Sachen so viel gezahlt haben?« King Angela ließ nicht locker. Die Knochenbrüche hatte sie ganz schön nervig werden lassen.

»Sugardaddy56, wenn du es genau wissen willst!«

»Uh«, entfuhr es einer der neuen aus der Clique. King Hörnchen musste sich dringend die Namen geben lassen. Waren die überhaupt auf Linie? Was hatte King Angela da nur in ihrer digitalen Emigration zusammengecastet?

»Hör mal«, King Angela hatte von aggro auf mitleidig umgeschaltet – wollte sie heute etwa das ganze Spektrum der überflüssigen Lebensäußerungen durchmachen? »King Hörnchen, du bist da an schlimme, schlimme Männer geraten. Davor wird doch immer gewarnt. Die verlangen Tragefotos mit der angebotenen Leibwäsche, auch von den Socken oder Schläppchen. Und dann reiben die sich ihre Penisse. Scheußliches Pack. Du bist jetzt ein Opfer von denen.«

Schweigen.

Die jungen Mädchen sahen einander an. An ihrem Zusammenhalt sollte Sugardaddy56 zerbrechen wie Plätzchen. Sofern, ja sofern King Hörnchen endlich mal einlenkte.

»Ja, denkt ihr etwa, ich wusste das nicht?«, lenkte die kleine Schwester von King Cobra ein. »Ich bin da nur zum Schein drauf eingegangen, um an dessen echte Mailadresse zu kommen. Tja, und jetzt sitzt das perverse Schwein im Gefängnis!«

Zaghaft, dann stürmischer wurde ihr applaudiert.

Hey, die Neuen waren vielleicht doch in Ordnung. Nur King Angela guckte noch etwas misstrauisch aus ihrem Gips.

»Und von der Belohnung, die auf die Ergreifung des Mannes ausgesetzt war, davon habe ich mir das Teil hier« – sie stemmte das federleichte iPad7-Silver in den Himmel – »gekauft!«

»Get ready! King Müller in da ring, represent«, sagte eine der neuen und ergänzte, »Yo, digga! Deine Story hat misch escht zerfetzt. Voll fame!«

King Hörnchen lachte.

»Was auch immer. Und jetzt, würde ich sagen, gehen wir zur Feier des Tages mal wieder in Aufenthaltsraum B12 und kloppen eine Runde Doppelkopf statt Reli.«

Und alle so: »Yeah!«

Ach, wie hatte Kleiderkreisel das Yeahen nur aus seinem Repertoire nehmen können? Die aufgedrehten Neuen rannten vor, King Angela humpelte mit ihren Krücken hinterher, King Hörnchen ließ sich zurückfallen, um sie abzupassen.

»Sag mal, kann ich deinen Gips haben, wenn du ihn fertig hast?«

King Angela zögerte, sagte: »Äh, ja?«

»Sehr gut, und ich brauche Tragebilder damit. Ganzkörper, ist ja klar.«

Ha, endlich verteilte sie wieder die Aufgaben.

King Angela klang wenig überrascht, als sie sagte: »Ich wusste es! Ich wusste es!«

»Ja, schon klar, du wusstest es. Für so Fetischkram wie getragenen Gips zahlen die Fetischtypen ein Vermögen. Aber ist besser, wenn wir den anderen nichts davon erzählen. Das sind ja noch Kinder.«

King Angela nickte. Stimmte doch auch. Okay, King Maria war kein Kind mehr, sondern schwanger. Der würde man es vermutlich noch erzählen können. Flittchen!

King Hörnchen hielt ihrer King Angela die Tür zum Schulgebäude auf. Sie gingen rein.

Und rauchen, dachte King Hörnchen, rauchen werden wir auch bald!

King Hörnchen
entzündet das Wacken

Ihr älterer Bruder Cobra hatte es gut. Der war frei und wohnte, wo er wollte. Wenn er sich nicht gerade in U-Haft befand. King Hörnchen dagegen musste sich mit dem Alltag ihrer einflussreichen Lübecker Kaufmannsfamilie rumschlagen. 30 Hektar Weidegrund an Bauer Pofalla verpachten, Briefe siegeln, 200 Klafter Holz im Silo speichern und auf verbesserte Marktsituation warten, Gewürze aus Indien handeln, den Knecht auspeitschen lassen, weil er die Magd geküsst hatte. Ja, das Leben der Reichen war auch kein Zuckerschlecken. Aber vor allem war es echt das Letzte und King Hörnchen konnte den Mist einfach nicht mit ihrem coolen Namen in Verbindung bringen. Zu allem Überfluss bekam sie trotz dieser familiären Erblast sogar noch weniger Taschengeld als ihre normalen Mitschüler. Offiziell wegen Charakterbildung, augenscheinlich wohl eher aus Geiz.

King Hörnchen kotzte.

Und wenn sie das Thema daheim ansprach, hieß es immer nur: »Wenn's dir alles nicht reicht, kannste ja unser Boot streichen!«

Was für ein Boot bloß?

Ach, ich armes Ding, dachte sie – klaute ihrer Mutter 200 Euro aus der Handtasche, fuhr mit den Freundinnen zur Entspannung aufs Wacken. Hey, keine Vorwürfe. Sie wollte Leben – und auf Kleiderkreisel lief es finanziell nicht mehr so gut, ihre Tage als Kleinunternehmerin waren erst mal vorbei!

»Schulz!«, rülpste King Hörnchen und haute mit der flachen Hand gegen King Angelas Kopf.

»Autsch!«, beschwerte sich der sommersprossige Lockenkopf. Was hatte sie denn getan?

»Mann, wir fahren aufs Wacken! Unser Direx hat sogar letztens über das Festival gesprochen, muss man sich mal vorstellen. Der Eber hält das allerdings für eine farbenprächtige Rockveranstaltung für Jung und Alt. Haha! Der hat wohl in seinem Lebtag noch kein kühles Veltins gezischt.«

»Yo, double swag! Geilon, Bitches!«, rief King Müller, die total neu in der Clique war und die keiner richtig einschätzen oder verstehen konnte, die aber irgendwie so ähnlich aussah wie die Hörnchen-Gruppe. She's got the look.

»Ja, voll ... äh bitch! Da sagst du was.«

King Hörnchen bekräftigte die Neue mal. Integration war wichtig, sonst fiel man hin und kam nie mehr hoch.

Die Neue strahlte. Sie hatte eine Spange oder einen sehr extravaganten Zahnschmuck wie ein HipHopper. Sie trug eine Camouflage-Cargohose mit passendem Top und einen kleinen Bleistift hinter dem Ohr. King Angela ein Motörhead-Shirt von H&M und King Elena ihre ganz normalen Vorstadtklamotten. Wie krass sie waren! Für ihr Alter zumindest. Die jüngste von ihnen wurde nächstes Jahr 40.

Späßle, dachte King Hörnchen und machte sich im ICE Bertolt Brecht an einer Wodka-Lemon-Dose zu schaffen. Sie versuchte ihre Haarspange unten reinzubohren.

»Du machst dir noch die Fingernägel kaputt«, jammerte King Angela. Die hatte wohl zuviel Direx geguckt.

»Fingernägel sind für Poser«, erklärte King Hörnchen. »Und du wirst deine spätestens einbüßen, wenn wir uns auf dem Gelände nachher ein Loch zum Übernachten graben.«

King Angela hielt eine ihrer Hände hoch und starrte wehmütig auf ihre langen Nägel, die sie mit lauter Strasssteinchen beklebt hatte.

»Aber warum graben wir denn ein Loch? Ich dachte, auf einem Festival zeltet man.«

»Ja, klar. Wenn man der letzte Loser ist, der auch noch in der freien Wildbahn seinen goldenen Löffel und drei Zimmer, Küche, Bad braucht.«

»So Zelte gibt's gar nicht!« King Elena sah nicht auf, sie vergrub sich düster im aktuellen Metal Hammer und las die Besprechungen von Newcomer-Bands – die man in der Rubrik »Krach von der Basis« fand.

Schlechte Laune und Aggression. Das war die richtige Einstellung. So und nicht anders fuhr man nach Wacken. Kein Vergleich mit den Pseudos, Jan Delay und Rocktouristen, die jetzt immer mehr zum größten Metalfestival Europas stiefelten – angelockt von einem Bericht in den Tagesthemen oder sowas. Wacken, die langhaarigen Freaks – aber alle so herzensgut und freundlich. Von wegen! 666 – The number of the beast, so sah es mal aus. King Elena rotzte auf den Boden. Die kleine Russin hatte die letzten Monate echt an Brisanz zugelegt.

»Du hast echt die richtige Einstellung!«, freute sich King Hörnchen.

»Danke, Spasti«, quittierte King Elena – und ergänzte:

»Wer bist du hier eigentlich? Der Erzähler?«

King Hörnchen nickte freudig.

»Ich muss allerdings noch ein paar Hausaufgaben machen. Kann ich die im Loch?«, fragte King Angela.

Zisch! Endlich. King Hörnchen hatte die Dose unten aufgebohrt bekommen. Ein dünnes Rinnsal Wodka-Lemon trat aus. So eine köstliche Wunde.

»Warte, ich sauge sie dir aus«, sagte sie zum Getränk und ergänzte: »In Rekordzeit!«

»Und was ist mit meinem Anliegen?« King Angela schon wieder mit ihren Schulaufgaben. Hatten die nicht noch Zeit bis zu ihrem verkorksten Sinologie-Studium?

»Das können wir nicht bringen in unserem Loch. Dass ihr da eure Hefte rausholt und drei Päckchen rechnet.«

»Mein Vater ist halt nicht so voll der Kaufmann wie deiner.«

King Hörnchen setzte die Dose an den Mund, zog oben den Verschluss auf und trank und trank!

Immer wenn sie nicht mehr konnte, steckte sie die Zunge in die Öffnung, um zu verschnaufen. Nach einigen Minuten war die Dose leer. Rekordzeit dann beim nächsten Mal.

King Hörnchen legte sie auf den Boden und trat sie mit ihren blauen Chucks klein.

»Ich würde es auch ohne den Alten schaffen. Und das wisst ihr!«, sagte sie.

Die anderen nickten begeistert. Bis auf King Elena und King Angela.

King Hörnchen rülpste. Ah, des Wodkas reine Seele.

»Schulz!«

Sie haute King A noch mal gegen den Kopf.

* * *

»Das ist Tom Angelripper von Sodom!«, stellte King Hörnchen den aufgedunsenen Thrash-Metal-Veteran aus Altenessen ihren Freundinnen vor.

»Willkommen in unserem Loch, Tom!«

Tom schaute die Gruppe Mädchen skeptisch an.

»Die anderen hier haben alle Zelte ...«

»Die anderen, Tom, sind aber auch total die Duschköpfe. Die kapieren überhaupt nicht, was Metal eigentlich bedeutet.«

»Also, da hinten vor dem Zelt mit der ›Kill 'em All‹-Fahne, da sitzen drei Mexikaner, die seit 20 Jahren auf jedes große Metal-Festival in der Welt fahren, José hat sich alle Logos seiner Lieblingsbands eintätowiert und Gonzo hat vorhin wieder ein Wildschwein gerissen und gegrillt und sie betreiben ein Undergroundlabel, auf dem sie die härtesten Combos aus Mittelamerika veröffentlichen.«

»Hey, welchen Teil von Duschköpfe hast du eigentlich nicht verstanden?« King Elena sah trotz ihrer Bemerkung wieder kaum auf vom aktuellen Metal Hammer.

King Müller ballte beide Fäustchen und ergänzte: »Isch geb' dir bös'!«

Ja, genau. Wer glaubte Tom Angelripper überhaupt zu sein? So eine Art weisungsbefugter Opa mit langen strohigen Haaren? Der seinerzeit mit dem Bierzeltstück »Die stumme Ursel« eine Hymne auf Sexpuppen geschrieben hatte. Subtext: Die perfekte Frau sagt nichts, ist mit Luft gefüllt und irgendwas mit Riesentitten. Geh damit doch zurück ins Wirtshaus, Macker!

King Hörnchen hatte den Megastar langsam echt über. Seinen in der Tat wunderschönen Hit »Bombenhagel« hin oder her.

»Okay, Nixmerker. Jetzt mal raus aus unserem Loch.«

»Ich wollte hier gar nicht rein, du hast mich geschubst!«

»Ja, und du bist gefallen wie ein morscher Ast bei einem Tornado. Haste das Bild vor Augen? Na, dann raus jetzt!«

Tom Angelripper trollte sich murrend zu seinen geliebten Mexikanern.

* * *

»Hier ist meine Ecke!«, freute sich King Angela und hatte die Erde an der genannten Stelle mit Muscheln und Kronkorken verziert.

Na, immerhin rechnete sie nicht oder schrieb Aufsätze, wenn sie schon das Gruppenloch verschönern musste.

King Müller lag in ihrer Ecke und knutschte mit einem pickeligen Langhaarigen, der sich als Roadie von Sepultura ausgab.

Das glaubte er ja wohl selbst nicht. Aber King Hörnchen ließ es gewähren. Stand Heavy Metal doch beinahe sinnbildlich für den Fickwunsch von pickeligen männlichen Teenagern. Warum sollte sich diese Verheißung nicht auch mal für einen von Zehntausend erfüllen?

Das Klima machte den Mädchen viel eher zu schaffen. Tagsüber waren es sicher 35 Grad und nachts kühlte es ab auf minus zehn. Typisch Outdoor-Event. Typisch Wüste. King Hörnchen spürte, wie sich Sonnenbrand und Grippe die Waage hielten, sich neutralisierten. Wie Feuer, das auf Wasser traf und zum Schluss war von beidem nichts übrig.

Auf der Mainstage bearbeitete gerade Ventor von Accept die Felle. Die Drumsticks des Hexers glühten, fand King Hörnchen. Sie stand weit vorne seitlich. Bei den Boxen. Man wurde taub, sah aber gut. In den rauchenden Moshpit wollte sie noch nicht gehen. Es war erst früher Abend und bei Accept moshten ohnehin nur die ab, die sich seit den Siebzigern keine Platte mehr gekauft hatten – und ähnliche Pfosten. Nein, danke.

Trotzdem wippte sie bisschen mit. Udo Dirkschneider malträtierte seine Stimmbänder und schrie:

»Fast as a shark, he'll cut out of the dark, he's a killer – he'll rip out your heart!«

Dabei rockte der Klampfenmann neben ihm ab, dass die Säge jaulte, während die Doublebass-Attacken von Ventor das Gelände erzittern ließen.

Also, so scheiße sind Accept gar nicht!, dachte King Hörnchen. Und schüttelte ihre kleine Matte im Helikopter-Style. Das würde morgen im Nacken wehtun.

Aber für Metaller gab es kein Morgen. Wenn einen das Leben auf der Überholspur etwas gelehrt hatte, dann das.

Mensch, und auf der Bühne war vielleicht was los:

Die starken Rock-Tunes riefen Wolfgang, den zweiten Axtschwinger, auf den Plan. Mit Anlauf sprang er gegen Udo, worauf Udo nachgab und die beiden Musiker, die auch privat befreundet waren, gegen das Schlagzeug stießen. Der Lichtdesigner verdunkelte das Bühnenlicht – nur, um es gleich darauf noch tausendmal heller wieder zu entzünden.

Flash! Scheiße, meine Augen!

Die große Zeit von Tieftöner Hiesi und seinem fünfsaitigen E-Bass brach nun an. Die Marshalls auf zwölf und solange sich die anderen aufrappelten, hörte man nur noch den stolzen Hünen. Ein fetziges Solo jagte das andere. Die Stimmung der Crowd – auf dem Siedepunkt. Wie gern hörten sie tiefe Töne. Das Brummen erinnerte das Publikum und die Musiker an ihre Kindheit im Bauch oder auf dem Dorf.

Tastendrücker Helge drehte nun aber auch auf. Doch so genial der Clown auch sein mochte, er spielte Keyboard. Und King Hörnchen war ja hier auf dem Wacken und nicht bei Europe! Oder Mozart!

Da zählte aber endlich auch Ventor wieder ein. Er hatte das Publikum nicht vergessen und sich aus den Trümmern des alten Schlagzeugs ein neues, noch besseres gebaut – und begann dieses nach allen Regeln der Kunst zu verdreschen.

King Hörnchen hatte nun genug gehört. Glücklich ging der Riesenschatz zurück zu den Anderen, um ihnen davon zu erzählen. Die würden staunen. Und die richtig guten Gruppen, die kamen ja noch!

5

King Cobra
Der Ponyflüsterer

Aus kleinen gelben Augen sah der Richter King Cobra an. Hob seinen Hammer, um über jenen das Urteil zu fällen. Obwohl er nicht mal wusste, was Cobra eigentlich so für ein Typ war. Privat zum Beispiel. Das war alles egal im Fascho-Paragraphen-Dschungel.

Vermutlich wollte er King, den Canalterror-Hörer und Turbostaat-Fan, der auch in einer Crust-Core-Band spielte, sowieso am liebsten in Ketten sehen. In Ketten, wie er des Richters BMW wusch und wachste. Und danach noch einen tiefen Diener machte.

Der Hammer fiel und der Richter sprach im Namen des Volkes folgendes Urteil: »Es wird gegen den Angeklagten die Ableistung von 160 Stunden Sozialdienst verhängt, weil er sich – ›auf Bier‹, wie er uns hier glauben machen wollte – der Räumung eines Blockupy-nahen Bauwagenplatzes in Offenbach-Rumpenheim widersetzt hat. In Tateinheit mit dieser Ordnungswidrigkeit steht die erwiesene Beschuldigung, dass er mit seinem Widerstand diversen Polizeikräften auf den Keks gegangen ist. Angeklagter ...«, der Richter sortierte bereits seine Unterlagen zusammen, »... Angeklagter, Sie haben das letzte Wort.«

King Cobra: »Öh, also ... Ich glaube eher an die Unschuld einer Hure als an die Gerechtigkeit der deutschen Justiz!«

Ach, verdammt. Das war ja nicht gerade souverän gewesen, sich in dieser muffigen Bezirksgerichtsamtsstube hinreißen zu lassen, diesen extrem doofen und frauenfeindlichen Deutschpunk-Mackerslogan von Slime rauszujammern. Aber okay, in dieser einen Sekunde war dem King halt nichts Geistreicheres von zum Beispiel Ton Steine Scherben eingefallen. Oder wenigstens von Philipp Poisel.

Es war zum Heulen, 160 Sozialstunden und bei den Famous last words totalen Mist geredet. Immerhin war dieser Schauprozess vorbei. Alle seine sauberen Autonomen-Freunde waren freigesprochen worden – und hatten offenbar gegen ihn ausgesagt. Sie standen nun draußen und klatschten sich mit ihren Kontaktbeamten ab. Danke, Kronzeugenregelung. Kein Wunder, wenn bei diesem Spirit bald kein Bauwagenplatz mehr zu verteidigen war. Immerhin hüstelten die Kollaborateure verlegen, sahen zu Boden, als King Cobra an ihnen vorbeischritt. Doch nachdem er sie passiert hatte, hörte er gleich wieder:

»Hurra, guckt mal, wie viel Kohle die mir für meine Aussage ausgehändigt haben!«

King Cobra, der fertige Betonkrieger, erhielt dagegen nur einen Bescheid, wie das denn jetzt funktionierte mit diesen Sozialstunden. Eine Frau mit großen Zähnen und einer weißen Bluse händigte ihm Dokumente, Flugis und überraschend auch eine Fahrkarte aus.

»Wo soll's denn hingehen?«, fragte er noch im Spaß, doch der strenge Blick der Dame ließ keinen Platz für solche ohnehin viel zu versöhnlichen Zwischentöne. Es war Krieg – zwischen ihm und denen. Und King Cobra musste anscheinend echt wohin.

Die Unterlagen wussten es genau: Es ging mit dem Herzblatthubschrauber auf eine dreiwöchige Ponyfreizeit – als Betreuer für eine Gruppe Kids nach Unterfranken. Mitten im Nirgendwo, in der bekloppten Natur, auf einem Gehöft. Kaum Anbindung an das nächste skurrile Kaff. Unterfranken? Da gab's doch sicher nicht mal Ketamin oder einen Späti. »Bitte nicht!«, stöhnte King Cobra und das einzig Gute daran, das mit dem Hubschrauber, hatte er sich ohnehin nur dazugedacht.

Blieb also bloß die Reise nach Bayern. Um Teenager zu Pferde und in den Ferien zu betreuen. Wie sehr hasste der Staat ihn eigentlich?

Missmutig trat King Cobra wenige Tage später diese scheiß Reise an. Es half ja nichts. Deutschland saß am längeren Hebel.

An seinem Abteilfenster rauschte Landschaft vorbei. Grün und grüner wurde es mit fortschreitender Fahrt. Gute Luft, gleißendes Licht, blumige Gerüche erfüllten den Zug. Die Ortsnamen an den Bahnhöfen klangen immer alberner: Hartenstein, Pommelsbrunn, Ottensoos, Kirchensittenbach, Kummersbruck, Hirschau, Stulln und zuletzt Pfreimd. King Cobra zweifelte ernsthaft, dass in etwas, das Pfreimd hieß, noch in gängigem Sprachdeutsch zu kommunizieren war. Am besten gleich nur mit Handbewegungen und Gesten arbeiten, dachte er und kratzte sich gedankenverloren schon mal den Mittelfinger.

Raus, die Nächste musste er raus. Hoffentlich fiel er nicht mit seinem riesigen Armeerucksack nach hinten, blieb auf dem Rücken liegen, käme nicht mehr hoch.

»Knie nieder, Bauer, die Antifa ist da!«, aus hilfloser

Schildkrötenperspektive verlautbart ... So würde man vor den Dorfnullen wohl kaum Eindruck schinden.

King Cobra öffnete die Tür, verließ den Waggon. Als Einziger. Der Zug setzte seine Fahrt fort. Keine Sonnenbrille dabei. Hätte er aber gebraucht. Eine Biene summte, sonst war es still. Das halte ich niemals durch hier, dachte er und stellte fest, dass er auch seinen Tabak daheim hatte liegen lassen. Jetzt reichte es endgültig. Dafür würde Unterfranken büßen!

Nach einigen erbaulichen Hindernissen mehr findet King Cobra dann doch das verdammte fränkische Freizeitcamp, das es zu betreuen gilt. Dort trifft er auf abweisende Sozialpädagogen und noch abweisendere Kinder. King Cobra gerät in Streits mit allen Anwesenden, wird zum Schwerpunkt ferieninterner Streiche der Kleinen, sein Zelt brennt nieder, ein VW-Bus stürzt über die Klippen und King Cobra verstrickt sich in der Dunkelheit »versehentlich« in erotische Handlungen mit einem ortsansässigen Waschbären. Derart spektakuläre Ereignisse niederzuschreiben, käme verständlicherweise aber zu teuer. Aus Kostengründen bleibt nur die Zusammenfassung dessen, was ohnehin auf der Hand liegt: Es läuft schlecht für King Cobra, er wird gemobbt und so weiter, blablabla.

Doch dann, als sich die drei Wochen ihrem Ende neigen, zieht ein letzter großer Wendepunkt der Geschichte herauf ... Eigentlich ebenfalls nichts, was in das Budget von »Lies die Biber« und des Mainzer Ventil Verlags gepasst hätte, doch über Drittmittel ist es möglich geworden: Das Ende von »King Cobra der Ponyflüsterer« kann erzählt werden. Und das geht so:

Das bunte Treiben auf dem Hof erreichte gegen Mittag seinen Höhepunkt. Überall purzelten die Kids durcheinander, die Ponys wieherten lustig, die Betreuer rauchten Selbstgedrehte, spielten ein bisschen Gitarre, »Welcome to the Jungle!« King Cobra starrte ins Leere. Als sich von einem zum anderen Moment der Himmel verdunkelte. Tiefe, schwarze Wolken waren aufgezogen, die dicke, schwüle Luft roch plötzlich nach Untergang. Wow. Das erste Donnergrollen klang hier und jetzt machtvoller, als es King Cobra je erlebt hatte. Heftiger Wind kam auf, lose Dinge flogen durch die Luft, Papiere und belegte Brote zum Beispiel. Die Betreuer wurden ernst. »Ab in die zentrale Blockhütte!«, schrie General Bastian, der die Leitung und einen Vollbart hatte. Während schon die ersten dicken Tropfen die Erde fanden. Als zuletzt die langsameren Kinder die Hütte erreichten, waren sie bereits bis auf die Haut durchnässt. Draußen tobten jetzt wutentbrannt die Elemente. »Mir fühlen uns so klein«, piepsten viele der Kinder angesichts der Kraft der Natur. Ansonsten wurde kaum gesprochen.

Bis sich ein sommersprossiges Mädchen aus der jüngeren Gruppe zu Wort meldete. King Cobra hatte sie schon ein paar Mal gesehen, sie hatte so Zöpfe. »Oh, oh, die Bettina fehlt!« Auch das noch, die Betreuer wollten Genaueres wissen. Sommersprosse: »Wir wollten auf den Hochsitz bei der gespaltenen Erle klettern, aber ich bin dann doch nicht mit. Aus einer Art Angst!«

Die Nachricht saß. Ein Kind war noch draußen. In diesem Gewitter. Wo die Blitze niedergingen wie am allerjüngsten Tag.

»Das Mädchen ist verloren ...«, flüsterte eine der Betreuerinnen – die mit dem hennaroten Haar. Die Kinder hatten das alle gehört und schluchzten.

Plötzlich King Cobra: »Punk habt ihr auch nicht erfunden, was? Ich werde das Mädchen holen. So schwer wird das schon nicht sein.« Er öffnete die Tür, verharrte einen Moment in der ihn anpeitschenden Gischt, du liebe Güte, und schritt dann in die absolute Dunkelheit. Die Naturkatastrophe nur für Unterfranken hatte jeden Funken Licht gelöscht. Hinter ihm fiel die Tür zu. Die anderen in der Hütte dachten so: Respekt!

Hoffentlich geht alles gut, dachte King Cobra, als er auf dem verängstigten Peter saß – Peter war das graue, kleine Pony, mit dem er auf dem Bauernhof zusammenarbeitete. Der hätte auch nicht gedacht, heute noch mal raus zu müssen. Aber wenn man zulassen musste, dass wer auf einem sitzt, hatte man ohnehin keine Macht mehr, was zu bestimmen. Sie ritten los, die Wege waren rutschig, Wasser brach sich Bahn, wo es nur ging und darüber hinaus, Blitze erhellten hunderte von triefenden Bäumen, sie waren tief im Wald. Tapfer kämpften sich Pony und Cobra voran. Durch all den Lärm meinte Cobra, Bettina rufen zu hören. Sie befanden sich trotz Dunkelheit auf dem richtigen Weg. Endlich erreichten sie den Hochsitz. »Komm runter, Bettina. Ich bin's, der Cobra auf dem Peter!« Bettina hatte keine Zeit, sich zu wundern, sie rief mit ihrer hellen, angsterfüllten Kinderstimme: »Ein starker Blitz hat die Leiter gespalten, ich sitze hier oben mehr oder weniger fest.«

Cobra wollte schon zurück, da traf er einen gewagten Schluss. Der Globalisierungskritiker manövrierte das Zottelpony Peter ganz nah und so, als ob er nie etwas anderes gemacht hätte, an einen der Pfosten heran. Er war so nass, er zitterte in seinem regentriefenden Parka, am Boden lag die vom Blitz verkohlte Leiter, arme Sau, der Hochstand wogte bedenklich, es stürmte. Er zog seine Beine höher, half mit den Händen nach, sodass er bald auf Knien auf dem Rücken des gelehrigen Peters herumrutschte. Um sich dann komplett aufzurichten. Jetzt stand er auf dem Tier. Würde es sich bewegen, fiele er schmerzhaft. Doch es bewegte sich – nicht. Es kannte seine Rolle. Cobra streckte die Arme hoch gegen die schweren Tropfen. Bettinas Füße baumelten ihm entgegen, er bekam sie zu fassen, kurz zuckte das Pony, als ein Blitz keine fünf Bäume entfernt reinknallte, King Cobra behielt das Gleichgewicht und hatte Bettina auf dem Arm, ließ sich auf seinen Peter runter.

Sie galoppierten entschlossen zum Camp zurück. Dabei kamen sie nicht rüber wie King Erlkönig und seine halbtote Brut, sondern wie die absoluten Chefs. Was ein Triumph. Bei den anderen und in Sicherheit angekommen, bekam Peter eine von den guten Möhren, Bettina eine Decke und Cobra nur noch Applaus, es war echt das Geilste.

Die letzten Tage auf dem Gnadenhof waren eine einzige Bonusrunde. An jeder Hütte, an jedem Grashalm wurde er gefeiert und mit Blumen bedacht. So kann man's aushalten, dachte King Cobra, so kann man's aushalten.

Doch es verstrichen auch diese Stunden im Camp. Zum Abschluss heulten viele, am meisten Cobra. Die Kinder hatten ihm zum Abschied ein dickes Buch über Pflanzen geschenkt – und als er es aufschlug, fiel schon ein Löwenmäulchen heraus. Er verstand zuerst nicht, dann aber doch. Seine jungen Fans hatten ihm Blumen und Stängel zum Trocknen hineingelegt. Wie überaus aufmerksam!

King Cobra hatte viel gelernt auf dieser Reise. Über Natur und Reiten und Freundschaft. »Dieser Trip wird mein Leben verändern«, fand er auf der Bahnfahrt Richtung Zurück. »Ja, das wird er.«

Kaum zwei Wochen nach seiner Rückkehr wurde er allerdings erneut von den Bullen hochgenommen. Himmel, war denn einfach gar nichts von Dauer?

King Cobra
verleiht den Indie-Ehrenpreis

King Cobra war dunkel. Nein, man musste es genauer sagen, auf King Cobras Gesicht lag eine beleibte Katze. Er schlug seine Augen in ihr Fell auf. Haare, Haare.

»Runter von meinen Augen, Adelheid!«

Die Katze gehorchte und ließ sich ungelenk in die Kissen neben dem King fallen.

Der fühlte sich schwach. Vermutlich hatte er die ganze Nacht nicht oder kaum geatmet. Adelheid guckte schuldbewusst auf ihren bläulichen Betreuer. Der mittlerweile ein paar Rumpfbeugen machte. Obwohl ... Bewegung, Training waren ja auch immer so das Letzte.

Dem pfeilschnellen Strahl des Wasserwerfers entkommen zu können ... Wie viele Jahre müsste man an sich schrauben, um diesen ohnehin zutiefst unsportlichen Wettlauf letztlich dennoch zu verlieren?

Dann schon besser in Würde, in Zeitlupe und völlig chancenlos vor aufgeputschter Staatsgewalt mit Helm und Lanzen fliehen. Denn, hey, wenn es King Cobra bei der Revolution um Härte, Physis und Schnelligkeit gegangen wäre, hätte er ja gleich auf Seiten der Bullen mitmachen können.

Und überhaupt »Revolution« – davon sprach doch außer King Cobra heute keiner mehr. Außer vielleicht Media-Markt-Kampagnen – oder Westerwelle, wenn es darum ging, sozial Schwache als Dämmmaterial beim Wohnungsbau einzusetzen.

Ach, fuck! Selbst Agitation gegen Elektromarktmultis und vernarbte liberale Superschurken konnte man sich heute sparen. Konnte man sich alles komplett sparen. Interessierte keinen.

Wo war die Katze? Ihr haariges Gesicht voller Liebe und angetrocknetem Sheba versprach Linderung.

Adelheid, die Katze, guckte freundlich und wedelte mit dem Schwanz. Durfte sie etwa wieder auf King Cobras Augen schlafen?

King Cobra winkte ab.

Mist!, dachte die Katze.

* * *

Draußen war es bereits hell, irgendein Wochentag spielte sich ab. Welcher, wusste King Cobra nicht. Hier im besetzten Haus gab es keinen Videotext und auch kein WLAN. Wo sollte King Cobra bloß hin mit seinem Hass auf die Umstände und seinem nagelneuen MacBook?

Die anderen im Haus hatten eher Pflastersteine, Rotwein und Schorf, um sich auszudrücken. Dennoch neidete niemand King Cobra seinen Hightech-Tand. Schließlich war das hier das letzte besetzte Haus auf Erden. Schließlich war das hier Autonomen-Utopia, der stolze Rest von allem, was hätte sein können:

Die ganz neue Gesellschaft, hochverdichtete Streetfighter-innen, wunderschöne Theoriezauberer, es ging um Gönnen und Ekstase. Plus auch noch dabei: super Tiere. Leider aber stank und schimmelte es in dem Haus ohne Strom. Stromsperre. Der Staat wollte natürlich diese letzte Parzelle, die andeutete, dass er selbst doch gar nicht so »toll« und universell war, austrocknen, kaputt redigieren, ersticken, mit Ordnungsgeldern, Dunkelheit und Krätze überziehen.

So hatten dann auch viele der erwähnten Supertiere Abschied gehalten. Ade zur guten Nacht. Verpasst hatte den Absprung lediglich Adelheid die Katze – und auch bei den Aktivistinnen und Champs drohte der Schnitt zwischen Zauberern und Alkoholikern langsam zu kippen.

King Cobra ging in ein alternatives Café mit freiem WLAN, der Laden war mittlerweile nur ein Geheimtipp mehr für Werber und Agenturtypen. Die guten Ciabattas! Zu VoKü-Zeiten gab es hier bloß Eintopf. Und jetzt diese Vielfalt ... Aber das hatten Chumbawamba trotzdem nicht im Kopf, als sie damals sangen: »Give the fascist man a gunshot«. Früher, damals, damals, immer alles damals, selbst Attac war schon wieder damals.

Nichts konnte die Verhältnisse stürzen, gefühlt wurde alles bloß immer elender. King Cobra schrieb ein paar Kommentare auf die Status-Updates seiner Facebookfreunde. Weil er so viel und so wortreich kommentierte, hatten ihn die meisten allerdings verborgen oder gelöscht. Und das im Egal-Paradies Internet, das musste man erst mal schaffen.

Auf den Eintrag einer Bekannten »mir is schlecht nie wieder wodka-O!!!« verfasste er ein mehrseitiges Pamphlet gegen die Piratenpartei und Coca Cola. Dann hatte er alles leer im Netz.

* * *

Obwohl ... Unter der Kategorie »Nachrichten« fand King Cobra eine. Irre! Gleich mal lesen!

Sie stammte von seinem Freund Pauli. Pauli, der sich seinerzeit nach Italien abgesetzt hatte und von da an in unterirdischen Höhlen mit einem Biber zusammenlebte. Kannte man ja.

Jetzt, so las er, war Pauli zurückgekehrt und wollte eine Gala veranstalten – in der Hanns-Martin-Schleyer-Halle in Stuttgart. Eine Gala, auf der der Preis für Independent – und Punk-Honoratioren verliehen werden würde.

»Sowas mit Paris Hilton und Lindsay Lohan, wie sie dem Abwärts-Sänger einen großen Pokal mit Edelsteinen servieren. Nee, King, Quatsch, das ist schon wieder viel zu männermäßig. Also eher so was, wo sich der Sänger der Band Heiter bis Wolkig für seine sexuellen Eskapaden in der Punkszene entschuldigt – mit einem großen Pokal mit Edelsteinen. Hauptsache Pokal!«

King Cobra bestellte sich noch einen Karamell-Macchiato, der Durchbruch der Indies und Punks schien nun doch noch anzustehen. Stichwort: Gala, Stichwort: Wunderwaffe. Die Strahlkraft der eigenen Szene könnte endlich wie eine Epidemie übers Land fegen. Güter würden bald nach Bedürfnissen und nicht mehr nach Leistungen verteilt. Christian Lindner würde so kotzen!

King Cobra biss in den der Kaffeespezialität beigelegten Keks.

* * *

Auf der Bahnfahrt nach Stuttgart ein paar Monate später rekapitulierte King Cobra die Laudatio, die es abends zu halten galt. Pauli hatte ihn zum Schirmherren der Kategorie »Lebenswerk« gemacht und dort standen nur die geilsten und krassesten Veteranen der Szene an.

Also geil für ihn, Adelheid und Pauli und noch so ein paar Überlebende. Daher setzte er in Klammern zu den Namen der Geehrten sicherheitshalber immer noch andere. Populärere.

Damit Jugendliche oder Schläfer nicht gleich ausgeschlossen waren von diesem grandiosen Neuanfang, den die Gala mit dem Lob der Alten begründete.

King Cobras extra für den Anlass erstellter Schnurrbart juckte.

»Blablabla ... mmmmh, mmmh, freue ich mich, den wichtigsten Vertreter Deutschlands auf Erden begrüßen zu können, den grauhaarigen epochalen Plattenmogul der Subkultur: Alfred Hilsberg (in Klammern Mario Barth, Detlef D Soost)! Mmh, Pause für Applaus. Danke und so ... Und des Weiteren eine unüberschaubare Popkulturlegende, einst auch bei der Gruppe Malaria, heißen wir herzlich willkommen: Gudrun Gut (in Klammern Sandra Maischberger, Detlef D Soost), sowie den Pin-up-Boy der Depression, der Bestimmer von Düsterpunk, hier kommt Junge von EA80 (in Klammern Ferfried von Hohenzollern) und so weiter!«

King Cobra freute sich. Diese wunderbare Gala! Was war Pauli, als er in seiner Höhle unter Genua mit Wurzeln und einem Biber Petting machte, denn da bloß Tolles eingefallen?

Und wer wohl seine, also Kings, Kategorie gewinnen würde? Er starrte auf den roten Umschlag, der diese Information enthielt, gleichsam aber auch gesiegelt war.

King Cobra leckte ein bisschen dran.

»Ja, du bist ein guter Umschlag!«

Er ließ ihn zu.

In Stuttgart wurde King Cobra dann wieder viel kontrolliert und von der Polizei aufgehalten.

Wenn die bloß ahnen könnten, dass sie bald in Freiheit leben müssten, dachte er, als einer von ihnen zum wiederholten Mal in Cobras Ausweis spuckte.

Der King deutete im Gegenzug an, ihm demnächst mal den Meniskus zu entglasen. Der Bulle schluckte, als er Cobras Gala-Überzeugung in seinen Worten spürte.

Nach weiteren Unstimmigkeiten wurde King Cobra dann in den Abend entlassen.

Zeit, noch in eine Salattasche zu schauen.

Dann aber ab zur Hanns-Martin-Schleyer.

Davor stand Pauli (in Klammern George Clooney), die drahtige Liebesmaschine (in Klammern Fahrkartenautomat).

»Yo, Planänderung. Die Faschos vom Laden haben die Gala rausgeschmissen. Nur weil ich auf der Gästeliste stehen hatte, alle Schleyersöhne haben Hausverbot.«

King Cobra war sofort mitempört. Typisch Ba-Wü!

»Und außerdem wäre keine Karte im Vorverkauf über Ticketmaster weggegangen. Vorverkauf, Vorverkauf? Bin ich bei der Deutschen Bank, oder was? Wir machen das jedenfalls jetzt hier!«

Pauli zeigte scheinbar willkürlich auf eine Parklücke.

Und ergänzte: »Alle zu Ehrenden haben eh abgesagt.«

»Bestimmt Termine«, vermutete King Cobra. Kannte er ja von sich selbst. Immer, immer passte alles gerade nicht.

»Zumindest Paris Hilton ist da«, sagte Pauli, während jene King bereits freundlich die Hand schüttelte und etwas entschuldigend guckte.

»Na, machen wir es nächstes Jahr eben gleich nicht in der Schleyer-Halle und lieber an einem Montag. Da muss doch einfach wer Zeit haben.« Pauli strich Paris eine Haarsträhne aus der Stirn.

Vermutlich würden beide heute Nacht noch miteinander schlafen wollen.

Wow!

»Eigentlich doch noch eine Super-Gala!«, resümierte King Cobra.

Und nächstes Jahr, nächstes Jahr würde es noch besser!

Zieht Euch warm an, unmenschliche Verhältnisse. Euer Reich stürzt auch noch ein.

7

King Cobra
und das schöne MRT

King Cobra wurde in ein lebensgroßes Fach gelegt, dann ging die Schublade auch schon zu. Ganz schön eng und weiß hier. War er tot? Wie hatte er das verpassen können? Sowas konnte auch nur ihm passieren! Er versuchte, sich an ein mögliches Ableben in den letzten Stunden zu erinnern.

Als er heute Morgen einer alten Dame über die Straße helfen wollte, war er selbst gestürzt. Auf dem Weg zu einer Demo gegen Borussia Dortmund – oder ging es gegen Uli Hoeneß? Na, sowas halt, er war ja eh nie angekommen. Die alte Dame hatte sich darauf zu ihm runtergebeugt. »Jetzt werde ich schön beatmet«, war dem autonomen Held noch durch den Kopf gegangen und er hatte die Lippen geschürzt. Doch die Dame riss ihm nur allen Schmuck ab.

War ja seine eigene Schuld, wie konnte er auch derartig behangen zu einer politischen Kundgebung gehen? Wer war er? Der Goldschmied von Exploited? Ach, ach!

Okay, so richtig Schmuck hatte ihm die greise Bestie nicht weggerissen. Nur ein Nietenarmband und eine Kette aus historischen Dosenbierverschlussringen, na, und natürlich noch die Piercings in Augenbrauen und Mund. Deshalb vermutlich auch das viele Blut, das ihm jetzt die Augen verklebte. King Cobra versuchte aufzustehen, um es sich in diesem klinisch klaustrophobischen Handschuh, in dem er sich befand, noch mal bisschen bequemer zu machen. Platz ist in der kleinsten Hütte, dachte er – mittlerweile in extremer Panik. Nichts ging.

Doch er meinte sich zu erinnern, dass eine der vornehmen Doktorinnen ihm einen Schalter in die Hand gegeben hatte.

»Hier, ein Schalter, du Freak!«

Damit konnte man sich jederzeit aus der misslichen Schublade befreien. Lassen. Kannte man ja auch aus den vielen MRT-Filmen, die zuletzt ins Kino kamen. Zum Beispiel »Buried – Lebendig begraben«.

Da wacht ein amerikanischer Leiharbeiter auf Montage im Irak in einer Holzkiste unter der Erde auf, nur mit einem arabischen Handy und drei Streichhölzern.

Oh je, lieber nicht an diesen Film denken, der besaß ja auch kein Happy End – und die Psyche nahm ohnehin so leicht Schaden. Lieber an was anderes denken? Aber an was erinnerte man sich denn schon noch? Also außer an »Buried – Lebendig begraben«.

King Cobra hatte zum Beispiel vor vielen Jahren »Das Piano« gesehen. Aber keine Ahnung mehr. Irgendwas mit Klavier und einer stummen Frau am Strand, oder so. Dieser dünne Hauch von Nichts überdeckte nicht gerade die Situation hier.

Okay, ganz ruhig. Er hatte doch noch den Panic-Button, fühlte sich an wie ein Garagentoröffner.

Er drückte.

Jo, dann passierte erst mal lange nichts.

King Cobra drückte wieder. Sanft ratterte der Magnetschallscheiß des MRT dazu. Also sanft, wie wenn man in einer Mülltonne den Meiereiberg runterrollte.

King Cobra sah das helle Licht des Wahnsinns. Sollte er wirklich darauf zugehen? Oder war das eher was, das man sich aufheben sollte, für wenn man starb? Oder konnte er beides haben?

Die Textur der engen Apparatur um ihn löste sich plötzlich auf. Okay, ihm war die Entscheidung also abgenommen worden. Hallo Irrsinn. Was für Hölderlin und Nietzsche gut war, konnte für ihn doch nicht falsch sein.

»Hey, King Cobra! Kannst du mich hören?«

King Cobra schaut hoch. Eine Art geschmeidiger Mann ließ sich erkennen.

Er sah in das rosa Gesicht von seinem Freund Pauli. Neben jenem nagte gedankenverloren ein Biber. Paulis Wappentier respektive Lebenspartner. Also alles ganz normal. Aber das war doch eben alles noch nicht da gewesen. Nanu? Gab also gar kein MRT, keinen zu scannenden Trümmerbruch?

War das etwa bloß eine Traumsequenz gewesen? Wie peinlich war das denn? Wie bei »Lost«, bei »Dallas« – und wofür man sonst noch alles nur Verachtung übrig hatte.

Alles immer doch nur ein Traum.

Ein scheiß Traum, gesendet von Pennerkönig Unbewusstsein?

King Cobra wollte sich aufrichten. Es ging nicht. Seine Arme und Beine hielten ihn zurück.

»Vorsicht, ich habe dich mit Gurten fixiert!« Pauli strahlte.

Aha.

»Aha?«

Das machte Pauli doch sonst nicht.

»Nicht erschrecken, King, aber du hattest tatsächlich einen Unfall und du musst jetzt mit Magnetresonanztomographie durchleuchtet werden.«

King Cobra kannte das ja irgendwie schon.

»MRT! Kenn' ich! Habe ich eben bereits geträumt.«

Pauli nickte mitleidig.

»Nee, wirklich. Aber da war das ein echtes Krankenhaus. Mit regulären Mitarbeitern und man war nicht auf eine Holzpritsche gefesselt.«

Pauli nickte erneut mitleidig.

»Jetzt hör mal auf, mich mitleidig anzunicken – und mach mich los. Ich befehle es dir! Ich befehle es dir hart!«

Pauli, das alte Anarchistenarschloch, ließ sich natürlich wieder mal nichts sagen und schob King Cobra in die Öffnung der Röhre. King Cobra konnte in seiner fixierten Perspektive die Gerätschaft schwer erkennen, doch sie besaß keine Ähnlichkeiten mit dem erträumten MRT. Viel mehr erinnerte sie an etwas aus dem Fundus von »Mad Max 3 – Jenseits der Donnerkuppel«. Postapokalyptischer Style, voller Spuckis, Tags und rostigen Nägeln.

King Cobra musste dennoch lachen, weil es an seinen nackten Füßen kitzelte, als Pauli mit seinen Krallen von unten schob, um ihn oben durch die Engstelle dieses Heimwerkersargs zu drücken.

Dagegen wirkte jede Fahrstuhlkabine wie eine Mehrzweckhalle.

»Pauli, da pass ich doch nie rein. Wieso hast du überhaupt das kleinste MRT der Welt gebaut? Das ist doch auch nicht normal!«

»Das ist gar nicht klein, du Pferd. Das wirkt nur erst so.«

Er hielt kurz inne. Erzählte dann, wie man in der Metzgerstraße in Hanau, also dem besetzten Haus, in dessen Keller sie sich befanden, wie man dort dem linksbürgerlichen privatistischen Mist à la Guerilla-Gardening etwas entgegensetzen wollte:

Guerilla-Hospitaling.

»Hier gehen die Uhren anders, man darf im Krankenbett rauchen, Morphium für alle! Und es gibt nicht diese akademische Ständehierarchie, jeder kann den anderen operieren. Anleitungen gibt es zuhauf auf Indymedia, auf Infokrieg oder zur Not halt Wikipedia!«

King Cobra fand das Konzept interessant – hoffte dennoch sehr, MRT Hausmarke wies ihn nicht als operationsbedürftig aus.

»Hier gibt es auch keine Praxisgebühr, King!«

»Aber die wurde doch eh schon wieder abgeschafft.«

Pauli winkte ab. Sollte Cobra sich jetzt etwa als Spalter, als Konterrevolutionär fühlen – nur weil er die Wirklichkeit einbrachte? Hey, wenn es darum ging, Sachen abzunicken, die man eigentlich für falsch hielt, dann könnte er doch gleich wieder bei seinen toten Eltern einziehen.

Aber trotzdem musste man wohl auch Verständnis für Paulis langes Gesicht haben, wer hörte schon gern Zweifel am eigenen Projekt? Alles, was einen nicht bestätigte, klang nach Verrat. King Cobra kannte das von sich selbst.

»Sorry«, murmelte er daher. Und ergänzte in Gedanken: Sorry, Wirklichkeit!

Wenige Minuten versuchte King Cobra in eine Art Tasche oder eher Ausbuchtung zu atmen, die das MRT im Kopfbereich nach oben wölbte. In dieser Ausbuchtung roch es nach Zahn. Die Geräusche, mit denen das von Ralleystreifen geschmückte Gerät Daten erhob, klangen wie Autechre. Vermutlich war es aber auch jene Klangforschungsband selbst. In besetzten Häusern lief schon lange nicht mehr Aus-Rotten, Schleimkeim, Razzia oder Cock Sparrer – stattdessen eher Tosca oder Jean Michel Jarre oder eben Autechre.

Wie lange er hier wohl würde drin bleiben müssen?

»Vier Stunden – auf jeder Seite!«, brüllte Pauli von draußen. Aha, das Autonomen-MRT lief langsamer als erkaltendes
Wachs, aber Gedanken lesen, das war scheinbar noch drin.

»Genau!«, rief Pauli.

King Cobras schöner Datenschutz im Kopf. Hoffentlich
geriet diese Apparatur nicht in die falschen Hände.

Pauli schwieg. Sagte ja auch schon so einiges ...

Apropos, falls King Cobra jemals aus dieser eisernen Jung-
frau entkommen würde, was stand dann noch mal an? Er
konnte sich außer an Großmutters eiskalte Hände und den
Geschmack von Asphalt an nicht mehr viel erinnern. Das
Leben vor dem Unfall. Ein echtes Rätsel.

Na, irgendwas mit Bullenwannen entglasen, kiffen, Hunde
tätscheln, schnorren und hassen wird es schon gewesen sein.
Er kannte das Leben, er kannte sein Leben. Alles easy. Nimm's
locker, Mann.

Als stolzer autonomer Punk gab es immer was zu tun. Die
ganzen blickdichten Demokraten konnten schon mal einpa-
cken.

»Naja«, hob Pauli an, er musste sich ganz nahe an dem
blickdichten Kopfteil von Cobras MRT befinden, »naja, eigentlich haben wir uns seit drei Jahren nicht mehr gesehen. Du
lebst jetzt mit deiner Frau Margot in einem der guten Stadt-
teile – und natürlich mit den Zwillingen und dem Golden
Retriever. In der Metzgerstraße hast du dich nicht mehr bli-
cken lassen, seit du Pharmavertreter bei Merck geworden
bist. Und zur Urlaubszeit in eurem Häuschen in der Vulkan-
eifel soll's ja auch immer wunderschön sein. Bist du eigentlich noch in der Freiwilligen Feuerwehr? Ich glaube schon.«

King Cobra war entsetzt. Rührte die lange Narbe, die er mit
seiner angelegten linken Hand auf der Hüfte spüren konnte,
doch eher von einer Squash-Verletzung, als dass sie von

dieser Messerstecherei mit einem Deeskalationsbeamten stammte?

Alles schon wieder »Lost« all over. Alle Kausalitäten plötzlich kaputt.

Sein Leben lag in Trümmern – beziehungsweise, welches Leben eigentlich genau?

Pauli tätschelte von außen beruhigend das MRT.

»Ist doch gar nicht so schlimm, wenn alles zusammenbricht. Ist gar nicht so schlimm.«

Das MRT ratterte.

Und King Cobra dachte: Stimmt.

Linus Volkmann
Egotronic haben mein Leben zerstört

Okay, okay, irgendwas mit Medien. Diesen Traum konnte ich mir durch einen Job als Magazinredakteur verwirklichen. Allerdings sah mein ursprünglicher Traum ein bisschen anders aus:

Ich wollte mich mit einer Gruppe gleichgesinnter Hochstapler dermaßen flashen, dass wir die Bank gesprengt hätten. Also nicht nur symbolisch. Irgendwas mit Sachbeschädigung, krimineller Vereinigung, Nieder mit den Umständen. Das komplette Programm, der ganze romantische Mist.

Ein Wechsel der Verhältnisse!

Wie abwegig das mittlerweile klingt.

Aber ich hatte dran geglaubt: Autonomen-Utopia, Tierrechte, Anti-Rassismus, Chauvinisten untergehen lassen, Nieder mit Sexismus, Freigabe aller Drogen, die Lebenswelt von King Cobra. Sowas halt.

Übrig geblieben ist 2015 nun Popjournalismus.

Popjournalismus – ist ja so ein Fachbegriff. Das heißt, dass ich die Mülltonnen von Jupiter Jones durchsuche und ihren Abfall fotografiere. Dass ich am Hintereingang bei der Plattenfirma JKP in Düsseldorf auf Breiti von den Hosen warte, und wenn er dann seinen VW Jetta aufschließt, mit Fragen bestürme: »Hier, in euren erbaulichen Lehrertexten, geht's da nicht doch auch bisschen um Revolution? Ach ja, nee? Das soll man sich alles selbst denken? Das darf man nicht so schwarz und weiß sehen? Okay ... verstehe. Ja, dann gute Fahrt. Ach, hört mich schon gar nicht mehr ...«

Also kein Wunder, dass ich mich wahnsinnig freute, als es zuletzt hieß: »Hier, Linus, der normale Redakteur, der sonst immer das Label Audiolith machen darf, hatte einen schweren Unfall. Du kannst das Interview mit Torsun von Egotronic machen – und mit seinen drei neuen Gruppenmitgliedern Kettenfett, Kreisch, Fuckface.«

Egotronic! Der Traum aller gescheiterten Autonomen, der Traum aller, die Musik hassen. Klare Ansagen, interessante Beats, zehn Jägermeister-Cola und später vor der NPD-Parteizentrale die Außenspiegel der Anwohner abtreten (beziehungsweise – ich bin ja auch Literat – die Außenspiegel der Autos der Anwohner abtreten).

Ich kann quasi alle Texte von Egotronic auswendig. Zum Beispiel: »Lalalalalala Lustprinzip«.

Und jetzt endlich den Guru der hedonistischen Electropunkszene treffen – zusammen mit seinen Heidi Klums, also den Männern, die Torsun durch ihre freshen Sounds erst zu Germanys-Next-Top-Antideutschen gemacht haben.

Kettenfett, Kreisch, Fuckface, Torsun ... was für Namen überhaupt schon mal. Schön Funpunk, schön asozial. Dagegen klingt selbst Campino noch nach Baron Gerold von Habsburg.

Dann endlich ist es soweit. Im Rahmen eines staatsfeindlichen Festivals (presented by Converse und Red Bull) werde ich von einem ihrer Betreuer Anton Schlock, einem Exil-Russen, ungefähr doppelt so groß wie Dirk Nowitzki, tätowiert, rote Nase, in die Gemächer geführt.

Ich freue mich schon auf herumliegende Spritzen, Messerkämpfe, Karl-Marx-Lesezirkel und Antifa-Spuckis. Allerdings sieht vor Ort plötzlich alles ganz anders aus.

Ich so: »Mmh, Torsun, dein Backstage ist ja komplett mit weißem Samt und Tüchern ausgekleidet und in den Bierflaschen stecken weiße Lilien statt filterloser Kippen. Is'n hier los?«

Er so: »Also. Mit dem Duzen wollen wir erst gar nicht anfangen!«

Verstehe. Vermutlich hat er es halt gern sauber und ordentlich und möchte nicht mit dem Typen aus der Nassmülltonne von Jupiter Jones bonden. Ich habe eine neue Idee: Ich werde ihn für diese Distanziertheit und Seriosität noch mehr bewundern als ohnehin schon.

Allerdings, irgendwas stimmt wirklich nicht mit ihm. Ich betrachte den Exil-Mannheimer minutenlang, während er auf seinem Handy »Farmville« spielt, dann fällt es mir auf. Sein Hautbild ist ja viel besser, als ich erwartet habe. Winzige, geschlossene Poren und sein Haar glänzt – doch das ist kein Fett aus dem Jugendzentrum, das ist Seide!

Gute Güte.

Und er so: »Wenn Sie mich noch länger gedenken anzustarren, wird's creepy. Haben Sie denn gar keine Fragen, Elender?«

Ich staune. Wie professionell Torsun das Interview doch angeht. Jetzt wünsche ich wirklich, ich hätte mich auf das Gespräch vorbereitet. Aber das geht leider gegen den Ehrencodex meiner ganzen Branche. Weiter als »Wie geht's dir?« und »Deine neue Scheibe rockt total, gell?« dürfen wir gar nicht.

Daher versuche ich, einen anderen Aspekt voranzutreiben: »Sag mal, Du Torsun, äh, Du Herr Burkhardt. Können wir vielleicht erst mal diese Drogen nehmen, von denen man so viel hört? Und von denen Sie immer singen? Also Ketamin, Koks, Crack, Speed.«

Ich lecke mir über die Lippen, um das alles etwas zu verbildlichen und auch um den sinnlichen Teil des Gesprächs in den Vordergrund zu rücken.

Torsun sieht von seinem iPhone auf.

»Ich nehme doch nicht wirklich Drogen. Das ist alles nur Show, alles Image. Mein Körper ist ein Tempel. Und in den will ich ja nicht reinkotzen.«

Ich so: »Ooch.«

Torsun spürt, dass er ein wenig auf mich zukommen muss. Allein um mich endlich loszuwerden und ergänzt: »Naja, Laster habe ich schon: Sport und Religion zum Beispiel. Nennen Sie mich Adrenalin-Junkie und Jesus Freak, und ich sage: schuldig im Sinne der Anklage.«

Ah! Hat er also doch ein Suchtproblem. Aber irgendwie nicht das, was ich erwartet habe.

Am besten ich versuche es komplett anders. Und wende mich an die wertige Band aus Stars des Berliner Straßenkampfs. Fuckface ist am Pumpen, allerdings nicht Heroin in seine Venen sondern bläst seine Muskeln mit Hanteln auf. »Geiler Body, Bizpes aus Stahlbetonnnggg!«, ruft er und grinst, feuert sich bei jeder Wiederholung selbst an: »Fuck-Face! Fuck-Face!«

Alles klar. Kreisch sei irgendwo draußen bei den Fans, er absolviere ein sogenanntes Meet & Greet erklärt Schlock und macht eine deutliche Fickpantomime.

Bleibt noch Kettenfett. Der vom Look einem Nagetier gleichende gute Geist der Band, der gerade dampfend aus der Dusche kommt. Scham oder auch nur ein Handtuch scheint er nicht zu kennen.

Wieso auch?

Kettenfett setzt sich auf die weiße Ledercouch in dem 120 qm großen Backstage-Loft, wirkt nachdenklich.

Er erwidert meinen Gruß nicht, na gut, bin ich ja schon von Torsun gewohnt, und beginnt zu lesen. Klar, dieser Bücherwurm (Quelle: Kindle Fire) braucht immer neue Texte zur Kunst und zur Theorie. Aufgeschlagen allerdings hat er das »Handelsblatt«. Mmh, vielleicht akribische Beobachtung der Feindpresse? Als Linker sollte man eben alles im Blick haben.

»Messerschmidt Bölkow Blohm um drei Punkte runter. Mann, wie ich das Kapital und Deutschland hasse.«

Ah, zumindest bei Kettenfett ist scheinbar alles wie auf Wikipedia.

Er ergänzt: »Von denen habe nämlich Aktien. Das sind Rüstungsfirmen. Immer wenn auf der Welt ein Krieg ausbricht, wo klingeln dann die Kassen? Genau, beim guten alten Kettenfett.«

Ich nicke.

Und frage: »Aha, kann ich das so schreiben?«

Missmutig schaut Kettenfett zu mir: »Ey, spinnst du? Meine Börsenempfehlungen sind vertraulich. Ich hab eh schon ein Strafverfahren wegen Handel mit Insidertipps am Hals. Wird echt Zeit, dass ich in die Schweiz oder nach Monaco ziehe.«

»Ach, weil die nicht so nazimäßig vorbelastet sind?«, will ich wissen.

Er so: »Jaaa, wenn man möchte, kann man das auch so interpretieren.«

Weitere Fragen an dieses Mastermind der Linken fallen nicht an. Denn Kettenfett ist eingeschlafen. Wie friedlich er aussieht. Wie ein betrunkenes Baby.

Torsun stupst ihn an. Und murmelt: »Ach, jetzt hat das Rohypnol angeschlagen. Lassen Sie uns gefälligst nun allein. Ich habe mit meinem Genossen noch was zu, äh, besprechen.« Im Hintergrund klatscht es, Fuckface macht mittlerweile Liegestütze mit Handclaps. Was ein Anblick das alles, nein, diese Musiker aber auch immer!

Ich verlasse das Zimmer. Ich habe genug gesehen. Was für besondere Männer!

Einen Tag später erreicht mich ein Fax der Firma Audiolith. Darin werde ich aufgefordert, nicht die erlebten Umstände zu schildern, sondern stattdessen das offizielle Image von Egotronic noch mal zu paraphrasieren. PDF im Anhang. Als Anreiz ist das Foto von einem 20-Euro-Schein beigefügt. Sieht herrlich aus. Ich schreibe also, wie mir geheißen.

Ehrensache natürlich, dass mir trotzdem nach Erscheinen des Berichts eine Unterlassungsklage des Labels ins Haus flattert.

Punk ist echt immer noch das Größte!

Linus Volkmann
heiratet Rihanna

Hatte sie bemerkt, dass ich in der Lobby geweint habe? Peinlich berührt schob ich mir die dicke Schlaukopfbrille so hin, dass deren Ränder möglichst viel von meinen Augen verbargen. Dabei hatte ich doch gar nicht wegen Rihanna, die mir in diesem Hotelzimmer in New York SoHo gegenüber sitzt, geweint. Ich schwör's. Die Tränen galten meiner Einreise in die Vereinigten Staaten. Der Kontrolleur auf dem Flughafen LaGuardia war nämlich so drauf, mich wieder zurückschicken zu wollen. Wie, ich wäre nur für eine Nacht in der Stadt? Was ich denn für ein komischer Tourist sei. Wohl doch eher Terrorist, oder? Und ich so: »No, Mister. I'm here for interview Rihanna. Big time! It is for German onlinemagazine.« Und er so, ach interessant, Sie arbeiten also hier? Ich nickte. »Zeigen Sie mir dann bitte mal ihr Arbeitsvisum!« Arbeitsvisum? Für ein Interview? Bisschen übertrieben, oder? Zumal ich es ohnehin nur wahrnehmen durfte, weil eine rätselhafte Erkrankung viele reguläre Journalisten, im Volksmund Lassa-Fieber und Freelancer genannt, befallen hatte. Klar, die Fliegerei, das konnte man schon als Arbeit bezeichnen, aber ... »Go home!«, riss mich der Wachhabende aus meinen Träumen.

Go home? Alles klar, einfach mit leeren Händen zurück nach Deutschland. »Wie, kein Interview mit Rihanna? Und dafür haben wir dieses dumme Frettchen extra eingeflogen?« Die Plattenfirma, das stand schon mal fest, dürfte not amused sein. Bestimmt schickten sie mir jemand, der meine Daumen brechen würde. Ganz üblich in der Branche. Und das bei meinen Glasknochen aus Bimsstein!

Doch ich hatte Glück. Irgendwann konnte der amerikanische Heimatschützer mein Gejammer nicht mehr ertragen und winkte mich durch. Die Überzeugung, dass von mir keine Gefahr für die nationale Sicherheit, aber vielleicht ein paar Zerquetschte an Devisen ausgehen würden, ließ Milde walten.

Dieses traumatische Erlebnis verhinderte natürlich, dass ich Superstar Rihanna souverän und unverquollen gegenübertreten konnte. Egal, nun war der sogenannte Interviewslot überstanden, ob das Diktiergerät aufgezeichnet hatte, würde ich später checken, das tat ich mir jetzt vor Ort nicht auch noch an.

Rihanna trug einen weißen Overall, den sie mit einem breiten Nietengürtel taillierte, eine umgedrehte Kappe der L.A. Lakers, eine Goldkette mit Lettern des Wortes »Plenty« und durch den semitransparenten Stoff des Overalls konnte man ihren BH sehen – also wenn sie einen getragen hätte. Ich musste ihr dagegen eher unglamourös erschienen sein. Mit von Flugreise und Einreiseangst stinkenden Polyester-Nerd-Klamotten abseits aller Trends sowie laufender Nase.

Sollte ich sie, jetzt, wo das Interview tatsächlich durchgestammelt war, noch nach einem gemeinsamen Foto fragen? Ach, wem machte ich was vor? Ich traute mich ja nicht mal, die Bugs-Bunny-Figur im Warner Movie & Entertainment Park bei Bottrop-Kirchhellen um diese Gefälligkeit zu bitten – und die wird für nichts anderes bezahlt. Also einfach ganz normal Blickkontakt vermeiden, Aufnahmegerät, Zettel einsammeln, alles in den formlosen, verblichenen Rucksack stopfen und dann auch schon wieder zum Flughafen. Denn eine Hotelübernachtung war für diesen Trip nicht vorgesehen. Thrombose inklusive. Und auf Facebook würde mir den Status »Just met Rihanna, she's absolutely gorgeous. We klicked immediatley«! ohnehin niemand abnehmen. Na, dann.

Doch die Betreuerin winkte mich kurz vor dem Verlassen des Zimmers noch mal heran. Herrje, ich hatte doch alle kritischen Fragen weggelassen. Wie es Management und Plattenfirma im Vorfeld versichert haben wollten und wie es ohnehin meine Art ist. Popjournalismus ist ausschließlich Werbung für die Welt, wie sie ist. Wer einen Grund dafür aufgetan hat, das nicht anzuerkennen, konnte ja in den bewaffneten Untergrund gehen. Aber eben nicht zur Presse. Dort haben Axel Springer und Nido alles nachhaltig verwüstet.

Die Pressebetreuerin sprach schnell und unverständlich, deutete auf Rihanna, formte dann mit ihren beiden Händen über ihren Brüsten nach vorne quellende Türme. Himmel, war das obszön! Ich glaubte, gleich wieder weinen zu müssen.

Dann wurde sie noch deutlicher: »Rihanna commands you to stay here. And make wild love to her in bed.«

Das kam einigermaßen überraschend für mich.

Aber ich wollte natürlich nicht unhöflich wirken, hob meine Hand Richtung Rihanna, formte mit zwei Fingern das Victoryzeichen und stammelte: »Äh, why not? Sexy time coming on!«

Die Angestellte geht zum Fenster und dunkelt mit den schweren Vorhängen den Raum ab, verabschiedet sich. Ihr »Have fun, guys« steht noch kurz im Raum. Es ist jetzt stockfinster. Ich kann Rihanna atmen hören.

* * *

Liebes Tagebuch, nun lebe ich also seit vier Monaten als Sex-Toy von Rihanna in ihrer Villa in Malibu. Ich weiß ehrlich gesagt immer noch nicht, was ihr Trigger an der Sache ist. Der Sex kann es auf jeden Fall nicht sein. Obwohl ich besser geworden bin. Aber als underachiever (ich spreche viel Englisch die letzte Zeit), how do you say it in German?, ach ja, als »Minderleister« in punkto Eros, empfinde ich mich noch immer. Rihanna hat viel Geduld und schreit mich selten an. Ich muss sagen, da habe ich selbst mit einigen meiner imaginären Beziehungen schlechtere Zeiten erlebt.

Was mich viel mehr stört, ist die schlechte Presse, die ich bekomme. Man glaubt es gar nicht. Über Jahre las ich Blätter wie InTouch sehr gern, berichteten sie doch nur noch voller Häme und Verachtung über die Stars – ungleich einstig führender Promi-Represent-Blätter wie die betuliche Gala. Seit dem Erfolg der InTouch am Markt gleichen nun aber alle Peoplemagazine Hass-Postillen, sie wollen ausschließlich Jennifer Aniston nachweisen, was für eine verzweifelte Frau sie ist, die nie Liebe finden wird und dass Angelina Jolie endlich entmündigt werden müsse.

Diesen Bad Vibe habe ich lange hingenommen. Okay, ich will ehrlich sein, ich habe diesen Rufmord, dieses Gegeifere, dass die Stars eigentlich noch schlechter dran seien als man selbst, sehr genossen.

Doch jetzt bin ich selbst einer – und ich muss sagen, hey, was soll das denn mit all dieser Missgunst?!

Klar weiß ich, dass ich kein echter Prominenter geworden bin, aber wer würde nicht bei folgenden Schlagzeilen Crack rauchen wollen?

»Rihanna am Ende – Drogen, Alkohol und ein deutscher Nerd« oder »Was findet sie an diesem Mängelexemplar?« oder »Linus Volkmann – unser Mann in Hollywood!«

Okay, Letzteres lasse ich mir ja noch gefallen, aber: »Ex-

Freunde packen aus: Linus Volkmann ist wahnsinnig schlecht im Bett!« oder »»Er hat Eier so groß wie Mäusefäustchen‹ wettert Thees Uhlmann (49)«.

Das ist doch wirklich Verleumdung. Thees ist viel jünger! Und hat das bestimmt im übertragenen Sinne gemeint. Ach, vermutlich etwas Derartiges nie gesagt. Aber das interessiert die Yellow Press selbstverständlich nicht. Also meine Gefühle. Und die sind ehrlich gesagt: verwirrt, hin und her gerissen! Denn vielleicht kennen Sie die Raupe aus National-Geographics-TV? Die Wespeneier im Bauch hat, die schlüpfen und essen die Raupe von innen auf, die Raupe lebt dabei noch Wochen weiter und spürt jeden Biss. Aber wissen Sie was? Die Menschen beneiden diese Raupe. Sie war zumindest im Fernsehen!

Sie ahnen es, diese Raupe bin ich. So hatte ich mir mein Journalisten-Leben nicht vorgestellt, als ich zum ersten Mal in der Schülerzeitung der Otto-Hahn-Schule in Langenselbold vorstellig wurde.

Auch mag es ein wenig beunruhigend sein, dass Rihanna mir den Pass hat wegnehmen lassen und dass ich mir langsam fast sicher bin, dass sie mich als eine Art Organreserve zu verstehen scheint. Ständig werde ich untersucht und Rihanna streicht mir über die Leber, während sie sich die Lippen leckt. Sollte sie vielleicht einfach mal weniger trinken auf den ganzen Awards und privat. Aber das möchte ich ihr nicht sagen, hört sich doch auch einfach scheiße an.

* * *

Liebes Tagebuch, die Zeiten vor den Toren L.A.s auf der Hacienda von RiRi (wie Rihanna von allen hier genannt wird) sind rauer geworden. Vor ein paar Tagen kam ein Typ mit einem

Anzug und meinte, wir verlören das Haus, wenn es so weiter-
ginge. Rihanna bräuchte ein neues Hit-Album, oder zumindest ein drittes »Best Of« oder wenigstens auf MDMA ein
paar Weihnachtslieder einsingen, das große X-Mas-Album
zur nächsten Saison. Rihanna ist wütend geworden und hat
mich in den Oberarm gebissen. Das tut sie manchmal einfach so. Aber diesmal war echt fest, ich glaube, entzündet hat
es sich auch. Der Anzug ist dann gegangen. Wir hier tragen
dagegen alle eher baggy. Konnte ich mich erst schlecht dran
gewöhnen. Aber jetzt, also jetzt sieht es immer noch total
scheiße an mir aus. Doch bei der Hitze ist eh alles egal. Sorgen
mache ich mir aber echt langsam. Gestern wurde nach dem
Schlemmerfrühstück mit Champagner und Choco Pops und
Pink Grapefruits einer der anderen Toyboys abgeholt. Von so
Typen in einer Limousine. Abends bekam ich eine MMS von
ihm, er sah ziemlich fertig aus, der Hintergrund des Fotos
erinnerte an den Film »Hostel« – und er schrieb: »A cabeça
é difícil, quem tem de usar a coroa.« Was wollte mir Ramirez
bloß mit dieser Nachricht sagen? Bing hat jedenfalls nur Mist
übersetzt. Werde ich der Nächste sein?

* * *

Rihanna wirkt immer bedrückter, auf ihrem oversized
T-Shirt steht »Tired of being sexy«. Sie muss das Material für
ihr neues Album nächste Woche der Plattenfirma übergeben.
Abgabetime is sad time. Wer wüsste das – auch ohne einen
Multimillionen-Deal mit der Universalgruppe – nicht? Klar ist
uns allen in ihrer Entourage: Wenn das Ding floppt, stehen
wir vor dem Nichts und weniger. Dann werden wir Ramirez beneiden. »Er hat's immerhin schon hinter sich!« Ob ich
mal wieder sein Grab besuchen sollte? Nein, Rihanna braucht
mich und ich darf das Gelände ohnehin nicht verlassen. Wie

früher in der DDR, nur dass ich diesmal Sex habe. Und sie braucht mich wirklich. Ihr neues Album wolle sie experimenteller gestalten, abseits vom schematischen Radio-Pop, weg von Autotune, Schönklang, Refrains, Slogans und guten Melodien. Hin zu Anspruch, Avantgarde, Sperrigkeit, Aufbruch.

Hey, sie könnte genauso gut gleich das Anwesen sprengen. Aber Rihanna glaubt fest ans Gelingen, daran, dass der Mainstream nicht bloß eingelullt werden möchte – ich will ihr das nicht kaputtmachen, habe aber starke Zweifel. Ohne Dumme – kein Hit. Das ist doch auch kein Kulturpessimismus, das liegt auf der Hand. Zu allem Unglück bin ich bei dieser Sache gefragt wie selten zuvor. Denn das Album solle »deutsche Einflüsse« besitzen. Verdammt, will sie wirklich einstellig verkaufen? Ich habe mich doch schon so sehr an Sonnenbrand, Ohnmacht und Champagner am Pool gewöhnt.

Dennoch gefällt mir die Rolle als Primus inter Pares, nehmt das, vielfältige Konkurrenten um Rihannas Gunst! Ich bringe ihr also deutsches Popmusikgut nahe. Hilft ja nix.

Ich: »Kraftwerk?«

Sie: »Rammstein!«

Ich: »Aber es gibt noch so viele andere Bands aus Deutschland.«

Sie: »Rammstein!«

Ich: »Kraftklub.«

Sie: »Rammstein!«

Ich: »Blumfeld.«

Sie: »Rammstein!«

Ich: »Blümchen.«

Sie: »Rammstein!«

Ich: »Lena Meyer-Landruth.«

Sie: »Rammstein!«

Ich: »Goethe, Dieter Bohlen, Puhdys, Jens Friebe, Madame Curie, Feine Sahne Fischfilet, Culture Beat, The Toten Crackhuren im Kofferraum, Casper, Muff Potter, Milva ...«

Sie: »Rammstein! Rammstein! Rammstein! Rammstein! Rammstein! Rammstein! Rammstein! Rammstein! Rammstein! Rammstein!«

Ich: »Okay, Rammstein ...«

Sie: »Yeah, great!«

* * *

Liebes Tagebuch, ein bisschen überraschend kam es nun doch. Rihannas neues Album »Autobahn« ist für die Grammys nominiert und steht seit Wochen weltweit auf Platz Eins der Charts. Nun, vielleicht hat man den Mainstream über all die Jahrzehnte wirklich unterschätzt, vielleicht gibt es doch ein großes Interesse, sich auch mal mit schwieriger Musik auseinanderzusetzen, vermutlich aber hat die Plattenfirma doch einfach ein paar X-Mas-Songs und »Umbrella«-Remixe auf die Platte gepackt, ohne es uns zu sagen. Was soll's?

Ich sitze mit einer ausgelassenen Truppe kokainabhängiger Irrer in einer schwarzen Stretch-Limo. Ich sag mal, wie es ist: In Köln-Ehrenfeld ging's mir schlechter. Trotzdem wird es ein wehmütiger Abend heute. Denn ich habe schweren Herzens beschlossen, mein Vögelchen aus Barbados (wie ich Rihanna in ihrer Gegenwart garantiert nie nennen dürfte) freizugeben. Also strenggenommen nutze ich den Ausflug zur Grammy Verleihung in das Dolby Theatre, um den Tross zu verlassen. Aber ich weiß, Rihanna würde mich auch so ziehen lassen, ich war eigentlich kaum gegen meinen Willen die letzten Monate eingesperrt. Und ich nehme stark an, sie und ihr Leibarzt Doktor Fingerhut haben ohnehin längst den

Verdacht, dass meine Organe höchstens nostalgischen Wert haben dürften.

So richtig habe ich in ihre Welt dann auch nicht gepasst. Die InTouch, Bravo Girl, Frau im Spiegel etc. haben nie aufgehört, mich das spüren zu lassen. Rihanna selbst nie ... so sehr. Ich will es ihr jedenfalls nicht schwer machen, werde bei der Verleihung einfach gehen. Nach meinen Erfahrungen bei der Einreise bin ich mir sicher, aus diesem Land kommt man zumindest leicht wieder raus. Noch ein letztes Mal von diesem Kokain schnupfen in dieser lärmenden Limousine. Ah! Toll! Das werde ich vermissen daheim. Ganz sicher sogar, bin ich doch während meines Aufenthalts drogenabhängig geworden. Aber – wenn alles in ausreichender Menge vorhanden ist – ist das überhaupt nichts Schlimmes. Eher im Gegenteil.

Der Wagen hält, ich warte das Blitzlichtgewitter ab und husche hinterher. Die Grammys! Das Dolby Theatre! Die Menschen! Geil, geil, geil! Alter, wie zu bin ich denn?

* * *

Mittlerweile geht es schon wieder. Still sitzen, Reden zuhören, Einspieler um Einspieler schauen. Gleich muss Rihanna drankommen. Die wichtigsten Kategorien zum Schluss, klar. Prinzip Lustaufschub. Na, davon werde ich zuhause auch wieder reichlich haben. Mag gar nicht dran denken. Endlich, »Bestes Album« räumt sie ab, es geht schon weiter, bei der Kategorie »Beste Künstlerin« ist sie gleich wieder im Fokus, ich nutze das und stehe auf, nicke James Blunt zu, der neben mir sitzt. Er erwidert den Gruß nicht, soll er doch verrecken.

Ich bin ohnehin sehr traurig. Das war es also. Ein Leben an der Seite von Rihanna. Wie groß stehen die Chancen, dass es beim Interview mit dem nächsten Weltstar wieder genauso laufen wird? 1:10, höchstens!

In der Lobby bleibe ich noch kurz stehen, Rihanna ist auf allen Monitoren zu sehen. Sie hat noch mal gewonnen. Mit Recht! »Ich danke einem ganz besonderen Menschen, den ich kennenlernen durfte und der mein Leben und diese Platte unendlich bereichert hat ...« Ich heul gleich. »Und dieser Mensch ist meine Plattenfirma Universal!«

Okay, ich geh dann mal.

Der Bouncer am Einlass verstellt mir den Weg: »Wenn du jetzt gehst, kannst du nicht mehr zurück.«

Ich weiß.

Eine schwarze Linie nähert sich meinem Herzen, ob das mit Love zu tun hat, oder hätte ich den Biss in den Oberarm einfach mal behandeln lassen sollen? Keine Ahnung, muss Doc Intro sich zuhause drum kümmern.

Draußen verschicke ich noch eine SMS an sie. Irgendwas mit Goodbye, irgendwas, von dem man sich erhofft, der Andere schreibt »Please don't go!«. Was aber dann doch nie geschieht.

Piep-piep.

Rihanna schreibt.

»Treff dich am Hinterausgang bei den Mülltonnen!«

Immerhin. Das ist zwar kein »Please don't go!«, aber ich habe schon schlechtere Reaktionen auf meine alberne Liebe erlebt.

* * *

Sie wolle eh mal einen rauchen draußen, sagt sie.

Wir schweigen.

Als sie fertig ist, küsst sie mich. Zum Abschied. Ich muss sie einfach fragen: »Ging es dir eigentlich um mich oder um meine Organe, Rihanna? Kannst ehrlich sagen, ich bin nicht so empfindlich.« Ha, wenn die wüsste.

Sie streicht sich durchs Haar, sieht mir in die Augen.

»You'll never know, Linus Volkmann, you'll never know ...«

10

Linus Volkmann
schreibt den Einstieg von:
10.000 Meilen unter dem Meer

Das übergroße Panorama-Bullauge gab den Blick frei auf das Ballett der Meerestiere. Kraken tanzten, Seesterne und Korallen vollführten ihr Möglichstes, aus zigtausend Beteiligten bestehende Fischschwärme verdunkelten urplötzlich die Aussicht, um im nächsten Moment schon wieder verschwunden zu sein. Wie ein Peitschenhieb aus Fisch. Eindrucksvoll. Die Schöpfung einige Sonnensysteme weiter, sie übertraf Mutter Erde um ein Vielfaches. Die Götter mussten verrückt sein. So üppig war es hier, dass selbst der tiefste Meeresboden noch Flashmob um Flashmob abzufeuern hatte. Jane konnte sich kaum losreißen. Sie zupfte sich ihre Offizierinnen-Uniform zurecht. Für einen Moment sah es so aus, als würde eine der Kraken ihr zuprosten. Konnte aber doch gar nicht sein. Jane prostete dennoch zurück und schritt dann wieder einen der langen Gänge der Nautilus ab. Die Türen, auf die sie traf, öffneten sich jedes Mal wie von Geisterhand. Sollte das irgendwann einmal nicht mehr geschehen, die Besatzung wäre sofort verloren.

Angelangt im Kommandoraum des gigantischen Unterwasserbootes begrüßte sie überschwänglich alle Anwesenden. Viele von ihnen waren blass, wirkten kränklich und ihre Anzüge schienen mindestens eine Nummer zu groß. Jane fiel aus dieser spilligen Gruppen-Physiognomie heraus. Ihr prosperierender Körper wogender Weiblichkeit setzte der Idee von Fruchtbarkeit eine obszöne Krone auf und spottete all den leptosomen Kollegen dieser wissenschaftlichen Pionier-Brigade innerhalb der Flottenakademie. Jane wurde bald 30, ihre Brüste waren schwer, die Standard-Uniform nie in der Lage, die Pracht wirklich zu bändigen. Sie nahm Platz in ihrem Stuhl auf der Brücke, im Cockpit. Das Cockpit war das Herz-, Filet-, ja, Sahnestück der Nautilus. Bildschirme, Stahl, LED, Mischpulte. Kontrolle pur!

In ihren ergonomisch korrekten Stuhl integriert fand sich ein Joystick. Jane hatte immer noch nicht rausgefunden, wofür dieser zu benutzen war. Sie probierte ihn erneut. Also, das Schiff steuerte er schon mal nicht. Schade eigentlich. Wie glücklich man sein müsste, wenn sich damit die vier Millionen Tonnen des Schiffs in die Kurve würfen? Ihr Leib duftete vor Erregung bei diesen Gedanken. Und das, obwohl der Stick sicher nur einen der 10.000 Scheibenwischer irgendwo bediente.

Die Crew, die um Jane herum in ihren Sitzen kauerte, sah sich in ein warmes blaues Licht getaucht. Schön beruhigend, schön maritim. Man wurde richtiggehend schläfrig. Sie sah sich nach den Anderen um, musste blinzeln. Da waren der Schiffsarzt Jacques Duront, der erste Offizier Meisinger, die Unterwasserbiologin Helen Drake, der Chef-Ingenieur Fitzgerald und die Navigatorin Esther Maine. Und natürlich der Roboter Zulky, der in einer Einbuchtung auf Standby lebte. Irgendwo im Off mussten noch Kapitän Homeo und der Pauschalist Pablo Duval sein. Das waren dann aber alle. Viel mehr fehlten auch nicht zum Glück. Der Hightech-Koloss steuerte sich quasi von allein. Seinen kompletten Betrieb hielt er für sie, die acht Besatzungsmitglieder, aufrecht. Ein bewunderungswürdiges Zugeständnis aus Bytes und Stahl.

Jane glitt beiläufig über ihre Brustwarzen, die sich unter dem zum Zerreißen gespannten Stoff überdeutlich abzeichneten.

Morgen sollte die Nautilus auftauchen. Sie hatten auf diesem erdähnlichen Trabanten hinter Worgon 7 genug Eisenerz unter Wasser geschöpft. Die Zeit war gekommen, in der die Gruppe aus Spezialisten zurück zur Erde reisen würde. Endlich. Das dachten sicher viele der grauen, vom synthetischen Essen ausgezehrten Kollegen, indes Jane bedauerte das Ende der Reise.

Warum, wusste sie selbst nicht so genau. Aber sie spürte etwas. Sie spürte die Anwesenheit einer fremden Lebensform, die sich während ihres Oberflächenbesuchs an Bord geschlichen haben musste. Anders konnte sie sich ihre aufgestellten Härchen am Unterarm nicht mehr erklären. Die Power der Intuition. Die Anwesenheit des Unerforschten. Voll hot! Würde das Alien sie durch die Schotts jagen, entkernen und verdauen oder war es ein frecher Couchsurfer wie einst ALF oder irgendwas dazwischen? Erwartete sie in den Untiefen der Stauräume ein extraterrestrisch guter Küsser? Jane konnte es nicht wissen. Sicher aber war, es würde auf dieser Reise etwas Einschneidendes geschehen. Sie genoss die Spannung.

Die riesigen Turbinen, die die Luft umwälzten, rauschten hypnotisch.

Ja, so konnte man einen mehrbändigen Unterwasserweltraum-Zyklus eröffnen. Sci-Fi vom Allerfeinsten. Das überzeugt alte Fans, junge Leute und Perverse. Eine reichhaltige Zielgruppe. Linus Volkmann raucht noch eine Menthol-Zigarette. Rauchen gehört eben dazu, lacht er. Dann versinkt er wieder in seine, naja, Arbeit. Und eins steht fest, von diesem Werk, was war es noch gleich?, irgendwas mit »Unten im Meer 1000«, oder so, also von diesem Werk hier jedenfalls werden wir noch viel hören.

Man darf gespannt sein.

11

The Robbe & Bürzel Theory
Love ist nicht abwärtskompatibel

Sheldon: *Heißt das, du und Leonard seid wieder zusammen?*
Penny: *Genau, Sheldon. Zieh dir deine Kopfhörer auf, es wird laut heute.*
Sheldon: *Das ist gegen die Mitbewohnervereinbarung. Keine Übernachtungsbesuche ohne vorherige schriftliche Genehmigung. Zwei Wochen im Voraus.*
Leonard: *Das kannst du vergessen!*

[Eingespielte Lacher im TV, Türklingeln bei Robbe]
Robbe: Immer wieder aufstehen und zur Tür gehen. Ist ja wie im Mittelalter.
[Missmutig öffnet Robbe die Tür, dahinter steht sein Freund Bürzel]
Bürzel: *[erkennt in Sekundenbruchteilen das laufende Programm]* ... and it all started with a big bang. Bäääääng!
Robbe: Komm rein, muss dich ja im Treppenhaus jetzt auch nicht jeder singen hören.
Bürzel: Och.

[Robbe fällt ächzend zurück auf sein Bett, zurück vor den Fernseher. Bürzel bleibt stehen]

Robbe: Mei', setz dich halt!

Bürzel: Sitzen, das wäre nach dem Anstieg echt coolio. Auch wenn ich strenggenommen Lift gefahren bin. Auch anstrengend! Der Höhenunterschied. Aber wohin setze ich mich denn?

Robbe: Hier sind ja wohl reichlich Gelegenheiten.

Bürzel: Früher hast du mir noch die Couch freigeräumt.

Robbe: Früher, früher!

Bürzel: Da liegt noch benutzte Leibwäsche in der Knabberbox von Bahlsen.

Robbe: Mach ich's halt weg! *[Gereizt wischt Robbe diverse Gegenstände und Müll von der Sitzgelegenheit. Es klirrt, als eine halbvolle Flasche Vitamalz gegen die Heizung fliegt]* Ey, wenn da was kaputtgegangen ist! Ich schneid dir in deine buttrigen Spinnenhände! Ich reiß dir den verkackten Kopf ab und kotz in deinen Stumpf! *[besinnt sich, als er in das entsetzte Gesicht seines Besuchs schaut]* Ja, oder deine Haftpflicht zahlt es halt.

Bürzel: Wieso bist du denn nur wieder so gereizt? Für uns hat sich doch alles zum Guten gewendet!

Sheldon: *Leonard, da sitzt eine Frau auf meinem Platz!*

Penny: *Wieso ist das sein Platz?*

Leonard: *Frag bloß nicht!*

Bürzel: Hier, Nerds sind jetzt cool. All die Jahre, in denen keiner uns die Hand geben wollte im Supermarkt, all die Jahre, wo alle dachten, dem bleichen Streber nehme ich das Portemonnaie weg und schreib ›Käsefuß‹ auf seine Schultasche ... all das haben wir nicht umsonst durchlitten. Jetzt wollen alle so aussehen wie Stephen Hawking, viele Jugendliche, auch Frauen, tragen so dicke Brillen wie du, Robbe. Wir sind jetzt in!

Robbe: Pfffff!

Bürzel: Im Ernst, bis zum Anfang der Nuller haben die Ingos von Pro7 bei den »Simpsons« den Begriff »Nerd« noch mit »Trottel« übersetzt. Muss man sich mal vorstellen! Und jetzt laufen unsere Abenteuer täglich acht Mal auf Heavy Rotation. Also »Big Bang«. Bald dürfen wir sogar heiraten. Höhö.

Robbe: Ja, heiraten. Kann mich kaum umdrehen, da steht schon eine gute Frau und fasst mir an den Pythagoras. »Hey, Robbe, mach mir das Pferd und sieh dir an, was ich mit meinen Brüsten getan habe. Ausgezogen! Für dich! Also das Hemd, oder was ich da sonst drüber hatte. Bottom line jedenfalls: Sieh meinen üppigen Busen!« Ich kann kaum noch zu Bäcker Merzenich gehen. Überall denkt man, da kommt einer dieser neuen Superstars ... Nerd Clooney.

Bürzel: *[irritiert]* Ach ja?

Robbe: Natürlich nicht! Nichts und niemand hat sich zum Guten gewendet. Die Girls wollen Fernseh-Nerds, nicht Nerd-Nerds. Und die von Pro7 *[finster]*, die sollte man alle an die Wand stellen!

Bürzel: Die, die das damals so schlecht übersetzt haben?

Robbe: *[überlegt kurz]* Nein, alle!

Bürzel: Früher kannte zum Beispiel immer keiner Tolkien, »Hobbit«, »Herr der Ringe«. Mittlerweile ist es das Selbstverständlichste der Welt, dass ich mit Hobbit-Füßen durch die Stadt zur Mittelerde-Convention laufe.

Robbe: Ich weiß nicht, wie ich es dir sagen soll, Alter, aber das ist auf keinen Fall selbstverständlich, ich habe mich zu Tode geschämt, als du da neben mir mit Stock, Pfeife, Mantel und behaarten Füßen rumspaziert bist.

Bürzel: Wie gemein! »Herr der Ringe« ist jetzt nun mal Allgemeingut. Ein schönes Gefühl, sieh das gefälligst mal ein!

Robbe: Niemand kennt »Herr der Ringe« – alle haben doch nur diese Drecksfilme von der Vettel Peter Jackson im Kopf. Das ganze Epos für das Scheißhaus freigeschaltet und natürlich alles falsch! Hast du meinen Blog nicht gelesen, wo ich 451 unkorrekte Fakten der Film-Trilogie ausgestellt habe?

Bürzel: Ja, doch ...

Robbe: Und ich hätte noch viel mehr auflisten können – aber, Bürzel, weißt du ... dafür war mir meine Zeit zu schade!

Bürzel: Ah, ja.

Robbe: Einzig gut: Jackson hat die ganzen Weiber dazugedichtet, die der schwule Tolkien vergessen hat.

Bürzel: Hä? Der hatte aber mehrere Kinder, für die hat er »Der kleine Hobbit« doch erst geschrieben.

Robbe: Kurze Zwischenfrage: Auf welcher Seite stehst du eigentlich?

Bürzel: Auf der der Wahrheit und der Gerechtigkeit. Peter Jackson ist einer von uns, das musst du anerkennen.

Robbe: Niemals!

Bürzel: Komm, »Meet The Feebles« und natürlich »Braindead«!

Robbe: Okay, ganz früher vielleicht.

Bürzel: Nein, einmal Nerd, immer Nerd. Und »die Vettel« wiegt vermutlich halb so viel wie du.

Robbe: Du gehst gleich nach Hause!

Bürzel: Ich will aber bleiben. Und wenn du Peter Jackson schon fallengelassen hast, dann denk halt an Julian Assange von WikiLeaks. Eins-A bleicher Nerd und der bumst sich durch ganz Europa. Den sehe ich durchaus als Vorbild.

Robbe: Und er hat viel mehr Haare als du.

Bürzel: *[fasst sich in die seit geraumer Zeit immer lichter wer-*

dende Unfrisur] Ach ja? Und ihm hängt sein Bauch nicht über die Hose. Er trägt sogar einen Gürtel.

Robbe: Der Verräter!

Bürzel: *[trotzig]* Aber er ist ein Held.

Robbe: Wenn der erst mal vom CIA gefangen und täglich gefoltert wird, wirst du sehen, was das mit seiner ach so tollen Figur macht. Die du ja scheinbar so liebst! Und ich bin genauso ein Held. Nachher hacke ich den Account von der Pro7-Flasche, die Nerd immer falsch übersetzt hat. Gleich mal Girokonto auf Null stellen, bei Interpol »Haftbefehl« anklicken und bei Facebook die persönlichen Einstellungen so ändern, dass er zusätzlich zu jeder Benachrichtigung auch noch eine Mail erhält. Erholt der sich garantiert nicht mehr von! Haha!

Bürzel: Öh ... Anderes Thema, bringt ja alles nix. Hast du eigentlich noch ein Mezzo?

Robbe: Nein.

Bürzel: Ich mein so eine Flasche wie dahinten welche stehen?

Robbe: *[winkt ab]* Brauche ich alles selbst.

Bürzel: Aha? Okay. Ich wollt dir eh mal was vorlesen aus der neuen »GameStar«, hier, geht um das PvP-Patch zu WoW. Pass auf: »Dass ›Sonnenstrahl‹ einer der wichtigsten Zauber der Gleichgewicht-Druideneule in der Arena ist, wissen erfahrene World-Of-Warcraft-Spieler schon lange. Auch, dass der Zauber ohne die Glyphe ›Mondbestie‹ nicht gerade stark ist, dürfte bekannt sein. Leider wird genau diese Glyphe im Add-On gestrichen, sodass es eure Feinde in Zukunft viel leichter haben werden, dem Stille-Effekt von ›Sonnenstrahl‹ zu entkommen. Da hilft es auch nicht großartig weiter, dass ›Sonnenstrahl‹ nun besser auf ein- und austretende Spieler reagiert. Dieser Nerf war nicht notwendig und macht die Druideneule trotz ihres gebufferten Kontrollzaubers übertrieben schwach.«

Robbe: *[entnervt]* Und das wolltest du mir also vorlesen?

Bürzel: Ei, ja!

Robbe: Weißt du was, ich würde uns auch nicht ficken wollen.

Bürzel: Ficken? Das ist aus diesem Pro-Gamer-Mag, neue Cheats und Patches für WoW. Hallo?

Robbe: Ey, hörst du dich eigentlich reden? Ich glaub, ICH les dir mal was vor.

Bürzel: Na, da bin ich aber gespannt!

Robbe: Hör auf, dich so gemütlich in die Couch zu kuscheln.

Bürzel: Hab ich gar nicht.

Robbe: Hast du wohl, ich hab in den Ritzen unter dir die Nacho-Reste knistern gehört. Bleib an der Oberfläche.

Bürzel: Tschuldige, ich freu mich halt, wenn mir mal wer was liest. Aber nicht dass ich einschlafe. Wie bei Hörspielkassetten abends. Wusstest du, dass ich von allen Drei-Fragezeichen-Folgen immer nur die ersten fünf Minuten kenne? Ob das anderen auch so geht?

Robbe: Ja, dir und einer Millionen anderer Schwachköpfe. Jetzt hör zu! »Junge, Junge, und wie ich ihn in mir spüren will. Mit den Lippen umspielt er meine Brustwarze, so dass ich mich unwillkürlich unter ihm winde. Ich spüre seine Begierde. ›Ja, Baby, spür mich‹, keucht er. Ich werfe den Kopf in den Nacken, passe mich seinem Rhythmus an, so dass alle anderen Gedanken und Empfindungen ausgelöscht werden. Ich gehe verloren in diesem Vakuum des Vergnügens. Auf und ab ... wieder und wieder ... O ja ... Ich sehe ihn an, und er erwidert meinen Blick mit glühenden Augen.

›Ja‹, japse ich. Er stöhnt laut auf, schließt die Augen, lässt den Kopf nach hinten sinken. Das zu beobachten, bringt mich zum Höhepunkt. Ich sacke mit einem lauten Lustschrei auf ihn herab. ›O Baby‹, schreit er, als er ebenfalls kommt.«

Ey, bei »50 Shades Of Grey« kriege ich immer einen Steifen. Ob das anderen auch so geht?

Bürzel: Herrje ...

[Türklingel]

Bürzel: *[erleichtert]*

Robbe: Ist es zu glauben, hat man denn hier nie seine Ruhe?

Bürzel: *[beeindruckt]* Bei dir ist wirklich immer viel los.

Robbe: *[geschmeichelt]* Ja, Besuch.

Bürzel: Willst du nicht öffnen?

Robbe: Ehrlich gesagt: Nein.

Bürzel: Kann ich verstehen.

Robbe: Die Leute wollen ja doch bloß immer was. Man kriegt nie was, wenn es klingelt.

[erneutes Türklingeln]

Bürzel: Verhalten wir uns einfach leise. Irgendwann lassen alle ab. Zeit mal Intention durch halb Pi.

[Beide schweigen. Es beginnt zu klopfen]

Robbe: *[flüstert]* Klopfen ist nun wirklich das Allerschlimmste.

Hinter der Tür: Ich weiß, dass wer da ist! Aufmachen!

Bürzel: Hast du noch dein Laserschwert?

Robbe: Ja, dahinten beim Wäscheberg. *[besinnt sich]* Aber das ist leider nicht echt!

Hinter der Tür: Lasst mich rein. Ich bin's, die Dipsy!

Bürzel: *[flüstert]* Es ist die Dipsy.

Robbe: Hab ich auch gehört.

Bürzel: Das ist doch deine eine Nachbarin aus Ulm, die dich mal besucht hatte, als sie hier neu eingezogen war.

Robbe: Die stand auf mich!

Bürzel: Nee, erinnere dich, die kannte nur noch keinen in der Stadt und suchte Anschluss.

Robbe: Den hätte sie haben können!

Bürzel: Warum ist das dann eigentlich noch mal in die Brüche gegangen?

Robbe: Ich hatte doch versucht, eine Durchreiche vom Wohnzimmer ins Bad zu bohren, als sie pinkeln war und sie hat's gemerkt.

Bürzel: Ach ja, sowas mögen Frauen gar nicht, gell?

[Erneutes Klopfen]

Robbe: Geh du!

[Bürzel schaut leicht gequält, bewegt sich dann aber zur Tür, öffnet]

Bürzel: Hallo. Ja, hat etwas länger gedauert. Robbe und ich haben uns, äh, im hinteren Trakt der Wohnung aufgehalten.

Dipsy: Das ist ein Ein-Zimmer-Appartement, du Vogel!

Bürzel: Weiß doch auch nicht. *[Pause]* Und was ist nun dein Begehr?

Dipsy: *[aufgelöst]* Ich glaube, mein Fruchtwasser ist gerade abgegangen!

Bürzel: Ich verstehe, kein Ding. Robbe, hier ist Dipsy aus deiner Hausgemeinschaft. Sie möchte mal wieder deine Toilette benutzen. Sie muss mal puschern. *[Schaut skeptisch in den Flur]* Oder musste zumindest.

Dipsy: Ich bin schwanger, Alter! Siehst du das nicht?

Bürzel: Nö, also ich guck auch immer viel weg. Wusstest du, dass Blickkontakt im Gefängnis als Akt der Gewalt gilt? Man muss auf der Hut sein. *[An Robbe gewandt]* Hast du mitbekommen, Dipsy erwartet ein Baby?

Robbe: Also, ich starre viel aus dem Augenwinkel. Letztens noch, als wir zusammen an den Briefkästen standen. Ist halt bloß so: Man erkennt 90 Grad neben einem immer kaum was.

Dipsy: Oh, das ist ja nicht zum Aushalten. Ich bin jedenfalls schwanger. Oder denkt ihr, ich wiege normal zwei Tonnen und habe Möpse wie Handbälle?

Bürzel: Also, ich bin wirklich nicht befugt, über solche Themen zu sprechen. Das ist einem ja auch unangenehm.

Robbe: Ich finde, Schwangerschaft ist was ganz Natürliches. Ich bin da echt locker. Und Dipsy, eine kleine Bitte, könntest du das Wort »Möpse« gerade noch mal sagen, hier in das Mikro an meinem Rechner. Ich brauche das für mein Profil auf Soundcloud.

Dispy: *[verzweifelt]* Ich glaub, mein Baby kommt, ihr Freaks!

Bürzel: Ganz ehrlich, gern gratulieren wir dir zu diesem freudigen Ereignis. Darüber hinaus aber bezweifle ich, dass wir da die richtigen Ansprechpartner sind.

Dipsy: Das bezweifle ich allerdings auch.

Robbe: Also wäre das nicht was für Frau Miess aus dem ersten Stock? Zum Beispiel?

Dipsy: Ja, glaubt ihr wirklich, ihr seid die ersten, bei denen ich klingle? Niemand in dem ganzen verschissenen Haus ist daheim. Auuuuuuu!

Bürzel: Denkst du dasselbe wie ich, Robbe?

Robbe: Klar: Selbst Frau Miess ist ausgegangen und wir hängen daheim rum. Wie alt ist die, 80? Ist das alles schrecklich!

Bürzel: Ich meinte, dass wir nun die Geburt durchführen müssen.

Robbe: Mmh, ich muss zugeben, durch Video-Clips im Internet kenne ich mich wahrlich aus mit der weiblichen Anatomie. Aber als klassischen Geburtshelfer würde ich mich nicht bezeichnen.

Dipsy: Ihr sollt mir ja auch nur ein Taxi rufen. Au! Meine Pre-Paid-Karte ist leer.

Bürzel: Erlaube mir folgende Bemerkung, Dipsy: Das klingt ja nicht gerade wie eine solide Vorbereitung auf das Wunder der Geburt.

Dipsy: *[unglücklich]* Ja, ja, ich weiß. Aber das Baby sollte auch erst nächste Woche kommen.

Bürzel: Tja, an die Natur lässt sich nicht einfach ein Preisschild heften.

Dipsy: Ey, bist du doof, oder was? Ruf jetzt annnnnnn!

Bürzel: *[hörbar flüsternd zu Robbe]* Sollten wir nicht besser ihren Mann ...

Dipsy: Es gibt keinen Mann. *[schluchzt]*

Bürzel: *[weiterhin hörbar Robbe einflüsternd]* Dann am besten ihre Eltern?

Dipsy: Oh, Gott! Nicht meine Eltern. Ich glaub, ich geh zu Fuß.

Bürzel: Das ist ja eher ungewöhnlich, wenn man ein Kind bekommt.

Dipsy: *[hoffnungsvoll]* Oder könnt ihr nicht Auto fahren?

Robbe: Ja, klar. Kann ich!

Dipsy: Aber hast du auch eins?

Robbe: Mehr als eins!

Dispy: *[begeistert]* Juchu! *[skeptisch]* Mehr als eins?

Robbe: Ich habe den Cadillac bei »Need For Speed 3« letztes Wochenende auf Platin hochgelevelt.

Bürzel: Und ich ziehe bei »GTA« immer Leute aus ihren Wagen und fahr die dann zu Schrott.

[Dipsy sieht beide streng an]

Robbe: *[verlegen]* Ja, also ein Auto vor dem Haus habe ich nun nicht ... Oder sonstwo.

Bürzel: Oder einen Führerschein. Meine Eltern wollen das auch nicht.

Robbe: Du bist 29, was lässt du dir von deinen Eltern auch sagen, was du zu machen hast, du arme Haut!

Bürzel: Ich bin zufällig nachtblind – und lass gefälligst meine Eltern aus dem Spiel. Die opfern sich auf für mich, auch wenn's der Vati im Rücken hat und die Mama Gicht.

Dipsy: *[genervt]* Konzentriert euch bitte!

Bürzel: Genau, vielen Dank, Dipsy. Konzentration ist das Stichwort, Konzentration aufs Wesentliche. Die Familie. Hier, in Dipsy wächst eine kleine Familie heran *[deutet auf* *ihren Bauch, Dispy stöhnt schmerzahnend auf].* Sowas ist unbezahlbar, Robbe. Das verstehst du nicht, weil du so fett bist.

Robbe: Erlaube mal!

Dipsy: Außerdem, wenn ich Familie hätte, würde ich ja wohl kaum hier in diesem säuerlich riechenden Appartement stehen.

Robbe: Der Gestank kommt vom Bayerwerk in Leverkusen.

Dipsy: Also bei mir oben riecht's anders.

Robbe: Angeberin!

Bürzel: Nicht, Robbe. Du musst sie schonen ... Sie hat keinen Mann!

Dipsy: Jetzt reicht's aber, du Brillenschlangenstricher! Denkst auch, nur weil du dauernd Raumschiff Enterprise guckst, lebst du in der Zukunft. Aber ich sag dir mal, du bist abgehängter als Helmut Kohl.

Robbe: Sag ich ihm auch dauernd.

Bürzel: Was? Nie sagst du das, ich habe auch jetzt schon das neue Linux 3.10.2 drauf. Soweit vorne sind nur die wenigsten. Also, was ist denn jetzt mit deinem Mann?

Dipsy: *[schubst Bürzel]*

Bürzel: *[fällt auf die Couch, greift beim Abstützen in etwas Feuchtes, schreit entsetzt auf]*

Dipsy: Mit dem ist Schluss! Der hat es auch nicht leicht gehabt wie ihr. Dem war Coolness noch wichtig und er ist nicht mit dem goldenen WLAN-Kabel im Arsch aufgewachsen wie ihr. Und der wurde von seinem eigenen Vater verstoßen.

Robbe: Das ja gemein!

Dipsy: Du sagst es. Und wollt ihr wissen, wer der Vater von meinem Ex war? Ich sag's euch. Aber nicht dem Express stecken *[Dipsy macht eine Kunstpause]* Uwe Ochsenknecht!

Robbe: Aha. Kenn ich nicht.

Bürzel: Dito.

Dipsy: Wie, kennt ihr nicht? Mensch, »Männer«!

Bürzel: *[flüstert zu Robbe, stolz]* Sie hat mich Männer genannt.

Dipsy: Es ist komplett hoffnungslos. Wieso tut ihr mir das alles an?

Bürzel: Wir machen doch gar nichts. Du willst was von uns. Außerdem hast du schon mal alles ruiniert. Du musstest ja damals pinkeln gehen, ist doch klar, dass du damit Robbes Sexualität geweckt hast. Ein Dämon, den ich mühsam unter dem Teppich halte. Seit Jahren. Dann kommst du und alles fliegt uns um die Ohren. Und jetzt, wo wieder Gras über sein Glied gewachsen ist, stehst du auf einmal in der Tür und willst erneut Aufmerksamkeit für deine Scheide.

Dipsy: *[versucht es mit Ansprache wie an ein Kind]* Öh ja ... selbstverständlich. Das ist alles total realistisch, was du da sagst, Junge, am besten ich verschwinde hier ganz schnell wieder. Dafür müsst ihr mir nur das Taxi rufen.

Bürzel: Sag das doch gleich.

Robbe: Okay.

[Robbe sucht im Internet eine Taxinummer, wählt, bestellt einen Wagen]

Dipsy: Danke. Auuuuu!

Robbe: Du sollst unten warten. Kollege kommt gleich.

[Dipsy hält sich am Türrahmen fest]

Bürzel: Yo, tschüss. *[wendet sich an Robbe]* Wo waren wir stehengeblieben, verehrter Clan-Krieger?

Dipsy: Könnt ihr mich stützen? Ich schaff die Treppen nicht mit der Tasche.

Robbe: Was? Echt jetzt? Ja, sehr, sehr gern!

Bürzel: Du fasst die nicht an!

Robbe: Ich will das doch auch nicht. Aber es ist eine Notsituation, das wird dir jeder Anwalt bestätigen.

Dipsy: *[stöhnt]* Anwalt?

Bürzel: Das muss man wohl akzeptieren. Wo fasst man sie denn an?

Robbe: Irgendwo halt.

[Dipsy umklammert mit beiden Händen Robbes Oberarm, Bürzel läuft aufgeregt um beide rum, trägt die Übernachtungstasche. Dipsy stöhnt vor Schmerz, Robbe vor Wonne]

Bürzel: Ich trag privat nie so Taschen. Meine Eltern kaufen alles Schwere ein und den Rest habe ich im Rucksack.

Robbe: Interessante Geschichte. Aber wir kriegen hier ein Baby, Glatze!

Dipsy: Wir? Oh, Gott!

* * *

Bürzel: Warum noch mal sitzen wir jetzt hier im Wartesaal vom Krankenhaus?

Robbe: Na, wir können Dipsy doch in dieser Stunde nicht allein lassen. Wir sind schließlich Nachbarn.

Bürzel: Okay, lass es mich so formulieren *[eindringlich]*: Warum noch mal sitzen wir jetzt hier im Wartesaal vom Krankenhaus?

Robbe: Mmmh.

Bürzel: Also?

Robbe: Okay, du als mein Gefährte der achtundzwanzigsten Waldläufer-Stufe bei »World Of Warcraft« sollst es als erster wissen: Zwischen Dipsy und mir hat es gefunkt.

[Bürzel rollt die Augen]

Robbe: Mann, doch! Als ich sie am Fahrstuhl stützen wollte, bin ich abgerutscht und habe ... ihren Busen berührt.

Bürzel: Ach? Und du denkst, du hast sowas wie einen grünen Daumen für Brüste?

Robbe: Grüner Daumen? Ich wasch' mir doch schon so oft die

Hände, wie ich kann. Gut, könnte öfter sein. Muss ich ganz selbstkritisch eingestehen.

Bürzel: Robbe, der grüne Daumen! Das stammt aus einem Kinderbuch, ist so ein Naturmythos.

Robbe: Kein Eintrag.

Bürzel: Oh, du bist so ein Nerd!

Robbe: Ey ...

Bürzel: »Tistou mit den grünen Daumen«, das ist so ein Kind, und alles, was der anfasst, gedeiht und wächst. Also Pflanzen. Das hat sehr schöne Bilder das Buch. Alles schwarzweiß bis auf die grünen Daumen. Haben mir meine Eltern immer vorgelesen.

Robbe: Bestimmt letzte Woche erst.

Bürzel: Macht unerwiderte Liebe eigentlich alle Menschen so gemein, oder immer nur dich?

Robbe: Ja, schon gut. Sorry. Weißt du, wofür grüne Daumen echt gut wären? Für die Pokémon der Pflanzen-Klasse. Die bringen es in den höheren Levels überhaupt nicht, dabei haben sie eigentlich die besten Skills.

Bürzel: Außer in der Feuerwelt.

Robbe: Stimmt, da ist denen echt nicht mehr zu helfen. Und siehst du, du lachst schon wieder, Bürzel. Freu dich halt mit mir.

Bürzel: Ich lache nicht, ich habe dieses Muskelzucken im Gesicht. Ein Tick!

Robbe: Ach, das ist gar nicht deine Mimik?

Bürzel: Pffff! Wie lange soll das hier denn überhaupt dauern?

Robbe: Keine Ahnung, man kennt Geburten doch aus Filmen. Da ist das maximal eine Szene. Also, ich denke, fünf bis zehn Minuten top.

Bürzel: So lange? Na, gut.

Robbe: Lohnt auf jeden Fall, am Schokoriegelautomaten hier zu spielen. Hast du Geld dabei?

Bürzel: Ich hab nur Paypal.

Robbe: Mal gucken, aber das nimmt der bestimmt nicht.

Bürzel: Schrecklich, wie wir in der Alltagstechnik noch auf dem Stand vom Planet der Affen leben müssen.

Robbe: Hoffentlich passiert Dipsy nichts.

Bürzel: Wie kommst du denn jetzt darauf, was soll'n passieren?

Robbe: In »Star Wars – Episode 3. Die Rache der Sith« ...

Bürzel: Die neuen Teile? Sorry, ich hab geistig schon abgeschaltet.

Robbe: Ja, die neuen, egal. Da stirbt Padme ja im Kindbett bei der Entbindung von Luke und Leia.

Bürzel: Und woran stirbt die genau?

Robbe: An Geburt! Voll gefährlich. Und dabei spielt das in der Zukunft!

Bürzel: Dipsy passiert schon nichts.

Robbe: Das darf auch nicht sein. Vielleicht hast du ja doch recht: Bei »The Big Bang Theory« bekommen die Nerds eigene Girls. Das jetzt ist die neue Zeit!

Bürzel: Ja, aber die sind nicht System-Administratoren beim Arbeitsamt, sondern Physiker, slash, Schauspieler. Deine Rede!

Robbe: Ach, die gilt halt aber nicht mehr. Dipsy hat die regulären Männer und Promis über. Jetzt, wo sie ihr auch ein Baby gegeben haben und sie zur Entschädigung nicht mal ins Krankenhaus fuhren.

Bürzel: Mir kommt die ganze Sache schräg vor, ich tippe ja eher auf unbefleckte Empfängnis.

Robbe: *[beseelt]* Ich werde Vater, Bürzel!

Bürzel: Bei einer unbefleckten Empfängnis ist der Heilige Geist der Vater.

Robbe: Ey, du musst echt dringend bei deinen katholischen Eltern ausziehen, Pastor.

Bürzel: Du musst dich eher mal auf die Goldreserven deines Gebrechen-Hexenmeisters konzentrieren, sonst kriegst du nie den Zauberschutztrank.

Robbe: Ich glaube, das hattest du vorhin gemeint, als du sagtest, du hältst meine Sexualität unten. Jedes deiner Worte ist ja pures Fickgift.

Bürzel: Warum hältst du denn Sexualität bloß so hoch? Das ist nicht für uns vorgesehen. Da kann auf Pro7 laufen was will und auch erotische Filme wie »Ein Chatroom voll Informatiker – tabulos verführt« leiten in die Irre.

Robbe: Ich weiß doch. Aber ich kann nicht anders.

Bürzel: Warum bloß?!

Robbe: Also gut, ich sage es dir, Bürzel. Ich habe den grünen Penis.

Bürzel: *[steht abrupt von der Wartebank aus, offensichtlich unter Schock, murmelt zu sich selbst]* Ob das Taxi noch draußen wartet? Besser mal nachsehen. *[hastig zu Robbe]* Ich riech dich später!

Robbe: *[hält ihn am Arm fest]* Einige Dinge müssen gesagt werden.

Bürzel: Ja, aber ich bin mir nicht sicher, ob sie auch gehört werden müssen.

Robbe: Ich wurde geboren mit einem sehr großen Glied …

Bürzel: Ich werde dir nie wieder in die Augen sehen können – oder sonst wohin.

Robbe: Also wirklich sehr groß.

Bürzel: *[verzweifelt]* Ich denk einfach an Integralrechnung.

Robbe: Und, was soll ich sagen, so eine Verschwendung. Ich kann mittlerweile verstehen, warum Reagan und Breschnew damals im Kalten Krieg unbedingt den roten Knopf drücken wollten. Weißt du warum, Bürzel? *[flüstert]* Weil er da war.

Bürzel: Dein Penis ist wie tausend Atomraketen?

Robbe: So ungefähr kann man sich das vorstellen.

Bürzel: Mal was ganz anderes: Was hältst du eigentlich davon, wenn wir uns in Zukunft nur noch online treffen würden? Auf einem neutralen Server im Darknet?

Robbe: Du brauchst dich nicht zu fürchten.

Bürzel: Zu spät.

Robbe: Also ich finde es schön, dass wir endlich mal offen sprechen. Wie ist es bei dir denn bestellt? So untenrum?

[Eine Tür öffnet sich, Dipsy kommt durch, verabschiedet sich von einem Arzthelfer, geht auf die Beiden zu]

Robbe: *[aufgedreht]* Hello again!

* * *

Robbe: Chauffeur, bitte fahren Sie mich und meinen Clan in die Luxemburger Straße 118.

Taxifahrer: Sehr wohl. *[Lässt die Scheibe auf seiner Seite runter]*

Bürzel: *[der hinten zwischen Robbe und Dipsy Platz genommen hat]* Hier ist gar kein Gurt.

Robbe: Lohnt nicht. Da brauch' man ja nur rudimentäres physikalisches Grundwissen, um zu wissen, dieser Platz ist der Schleudersitz. Jeder Gurt wäre zuviel, du bist ohnehin bereits tot.

Bürzel: Immer muss ich auf den.

Dipsy: *[murmelt]* Weil ihr bestimmt auch so oft Taxi fahrt …

Robbe: *[bemüht um die Aura eines Geheimagenten]* Kann man's wissen?

Bürzel: Aber mal zu dir, Dipsy. Wie war noch gleich die Diagnose?

Dipsy: Öh …

Bürzel: Ja?

Dipsy: *[liest von einem ausgedruckten Zettel ab]* Ganz ungewöhnlicher Befund, die Ärzte standen vor einem Rätsel.

Bürzel: Ich will den Namen.

Dipsy: Meteorismus intestinalis ...

Bürzel: Also Blähungen.

Dipsy: So heißt es wohl im, äh, Volksmund des medizinischen Laien. Die Wehen waren's jedenfalls nicht.

Bürzel: Und dafür haben wir den Live-Stream von »Unreal Tournament« verpasst? Du weißt, dass da diesmal eine ganz neue Map gespielt wurde? An der ich zufällig auch mitgeschrieben habe?

Dipsy: Ja, also wenn ich das gewusst hätte ...

Bürzel: Dann hättest du dir gestern den dritten Burrito Superbohne nicht gegeben, oder was?

Dipsy: Mann, sei du erst mal schwanger. Meine Gebärmutter fühlt sich an wie ein Carport. Der Körper dreht komplett am Rad.

Bürzel: Für diese Erkenntnis brauche ich nicht die unbefleckte Empfängnis. Glasknochen, Asthma, Schuppenflechte, Speichelstein. Der Körper ist nur die gebrechliche Einfassung meines Gehirns. Oder der Seele, wie Mutter immer sagt.

Dipsy: Ein religiöser Nerd!

Bürzel: Fang du nicht auch noch an.

Dipsy: Unser tägliches »Star Wars« gib uns heute und vergib uns unseren WLAN-Provider ...

Bürzel: Hör auf, deine Worte schaden mir!

Dipsy: Wie auch wir vergeben Apple, dass man immer so teure Zusatzstecker kaufen muss ...

Bürzel: Niemand, der Codes schreiben kann und bei Verstand ist, würde je einen Mac anfassen! Überteuerter Design-Schrott! Ja, wer ist jetzt die Dumme?

Dipsy: *[unbeirrt]* Denn dein ist die Floppydisk und Prinzessin Leas Brüste und die Herrlichkeit, in Ewigkeit ...

Bürzel: *[schreit]* Hör endlich auf!

Taxifahrer: Schreist du hier weiter, Männe, gehst du zu Fooss!

Bürzel: *[verstummt, hasserfüllt flüsternd]* Siehst du, was du angerichtet hast. Ich werde wieder abgelehnt. Schuldlos. Habe ich alles dir zu verdanken. Und nicht nur das!

Dipsy: Ach?

Bürzel: Du hast den schlafenden Riesen geweckt. *[deutet mit dem Kopf auf Robbe]*

Dipsy: Hö?

Bürzel: *Er* ist wieder da!

[Robbe grunzt]

Bürzel: Und ich kann mich damit jetzt rumärgern. Der verliert überschlagen 50 bis 70 Prozent seiner Kampfkraft beim Gamen, wenn er wieder mehrmals täglich bis zur Dehydrierung entsaftet.

Dipsy: *[ehrlich entsetzt]* Das ist ja ein furchtbares Schicksal.

Robbe: Kommen wir nun endlich zum Wesentlichen!

Bürzel: Ja, und zwar, dass du dich beruhigen musst, Robbe. Ksch, ksch. Alles wird gut, du musst gar nicht mehr an die Körperformen deiner pinkelnden und pupsenden Nachbarin denken. Und du kannst dich deinem Peiniger Onan verweigern, lieber den neuen Prozessor mit mir fertigbauen.

Robbe: *[über Bürzel drüber]* Dipsy, ich weiß, es kommt plötzlich. Aber so sind Gefühle nun mal. Kein Rauch ohne Feuer, ich bin ein impulsiver Mann. *[Bürzel stöhnt]* Und so kommt es, dass ich dich frage, willst du meine Frau werden, Dipsy?

[Stille]

Taxifahrer: So, wir sind da.

* * *

Dipsy: *[vor dem Wohnhaus]* Danke, dass ihr das Taxi gezahlt habt. Ey, was allein ein Kinderwagen kostet. Ich glaube, ich werd den Kleinen in der Schubkarre ziehen müssen.

Robbe: Eine Ehe bedeutet auch Güterteilung. Der gute Robbe schaut nicht auf den Pfennig, musst du wissen.

Dipsy: *[überlegt]* Mmmmh ...

Bürzel: Hey, ich hab bezahlt! Und du sitzt auf deinem Mezzo Mix wie der König von Schottland. Ich mach jedes Mal die Rechnung. Echt, also weißte!

Robbe: Genau, Dipsy. In einer lustbetonten Beziehung mit mir gehört dir auch Bürzels ganzes Geld. Der hat immer noch was im Brustbeutel, wenn andere längst leer sind.

Bürzel: Ja, ich hab halt auch wenig Kosten daheim ... Aber darum geht es doch auch nicht!

Robbe: Also, Dips?

Bürzel: *[anerkennend]* Boah, schon Kosenamen. Das muss man ihm lassen. Er ist wirklich ein Mann der Frauen.

Dipsy: Ähmm, nicht, dass du dir da zu viel versprichst. Denke, die Chance stehen allerhöchstens bei *[rechnet]* Null.

Robbe: Ich find's total heiß, wie wir so Spielchen spielen. Erst will ich nicht, dann du nicht, dann wieder wir beide. *[sexy]* Ist es so heiß hier, oder ist das mein Bluthochdruck?

Dipsy: Nuuuuuull!

Robbe: Du weißt ja nicht, was du da sagst.

Dipsy: Ich geh jetzt auch mal wieder rein. *[Nimmt Bürzel ihre Übernachtungstasche ab. Schließt die Tür auf, geht zum Fahrstuhl]*

Bürzel: *[ruft ihr nach]* Der Robbe hat ein Riesenglied!

Dipsy: Yo, macht's gut, ihr Harry Potters!

[Der Aufzug schließt sich, fährt nach oben. Robbe und Bürzel stehen noch in der Tür]

Bürzel: Harry Potters? Spinnt die? Naja, jetzt ist sie also weg.

Robbe: Die kommt wieder, die kommt wieder.

Bürzel: Ich hätt sie dir zum Schluss sogar bisschen gegönnt.

Robbe: Das ist lieb.

12

TKKG
Sprayer spielen mit ihrem Leben

Direktor: So, Walter Sauerbier, gleich kommen wir in das Zimmer, das du dir dieses Schuljahr mit einem Neuen teilen wirst. Eure Bude nennt ihr bitte Adlerknast. Solche originellen Namen sind hier im Internat absolut üblich.

Köstlich: *[gelangweilt]* Ja, Herr Direktor. Interessiert mich echt irre, Ihr Vortrag. Außerdem nennen mich alle meine Freunde Köstlich.

Direktor: Ich bin nicht dein Freund, ich bin dein schlimmster Alptraum!

Köstlich: Auch wieder wahr.

Direktor: *[scharf]* Deine vorlaute Art wird dir noch vergehen. Zum Beispiel wenn ich dir Folgendes sage: Dein Stubenkamerad hat kaum noch Eltern und ist eine unberechenbare Bestie. Tekken nennt er sich, und er kann alle möglichen fernöstlichen Angriffssportarten.

Köstlich: *[schnäuzt sich lautstark in ein Taschentuch]* Meine Empfehlung an die Frau Direktorin. Ich rotze auf ihr Wohl.

133

Direktor: Dich spuckt dieses Internat als Ascheregen wieder aus, Sauerbier. Und mal sehen, wie es für dich ist, die letzten Meter zum Adlerknast im Polizeigriff zu laufen.

[Gerangel]

Köstlich: Au, au ... Sie haben wohl vergessen, dass mein Vater ein Großindustrieller ist. Der Süßspeisenmogul! Ein Wort von mir, und die Spende für den neuen Essenssaal können Sie sich abschminken. Dann fressen wir weiter in der Scheune, die Sie für eine Aula ausgeben. Und auch das Defäkierzentrum wird noch im Rohbau gestoppt. Weißt, was ich mein, Alter?

Direktor: *[zerknirscht]* Gut, du hast gewonnen. Da sind wir auch schon. Hoffe bloß, der neue Schläger wird dir Manieren beibringen – oder Trümmerbrüche!

Der Direktor öffnet die Tür. Widerwillig tritt Köstlich ein. Ein klein wenig neugierig, das ist er allerdings schon. Wer ist denn dieser Tekken? Auch ein Rebell ohne Grund wie er? Da erblickt er auch schon ausdefinierte Muskeln, die sich auf und ab bewegen. Tekken macht Liegestütze. Er sieht kurz auf zu dem Eingetretenen. Köstlich erkennt in dem Körper eines erwachsenen Athleten das braungebrannte Gesicht eines Kindes. Köstlich geht vorsichtig in Richtung des noch unbezogenen Betts.

Tekken: *[schnauft]* Ey, und wer bist denn jetzt du?

Köstlich: Ich bin der Walter, meine sogenannten Freunde nennen mich Köstlich ...

Tekken: Komische Bezeichnung. Egal, zähl bitte mal meine Liegestütze mit. Hundertsechs, hundertsieben ... los, mach.

Köstlich: Du weißt schon, dass du hier nicht mehr hinter Gittern bist? Du musst keine Zellengymnastik machen. Wir sind frei hier.

Tekken: Was redest du denn da? Ich verabscheue Verbrechen und würde nie ins Gefängnis gehen. Außer vielleicht um dort Verbrecher zu fassen. Sport ist eine Schuldigkeit gegenüber dem eigenen Körper. Würde dir auch gut tun, Löslich.

Köstlich: Mensch, ich heiß Köstlich. Und meine Verpflichtung ist die Kakaobohne. Sie ruft, ich folge, ich esse. Das ist der Triathlon der Wonne. Mens sana in corpore sano.

Tekken: Nee, Triathlon der Schwäche, du willenloses Vieh. Aber irgendwie fühle ich mich hingezogen zu dir und deiner fetten Art. Neben dir wirke ich auch noch viel besser.

Köstlich: Willst du mich anmachen?

Tekken: Nein. Aber jetzt ... komm mal in meinen Arm.

Köstlich: Was?

Tekken: Na, na, na. Sieh dir meinen stählernen, von den Liegestützen glänzenden Oberkörper an. Ich kann mir dich im Bedarfsfall auch holen ... und sieh nur *[Geräusch]*, mit diesem katzenhaften Sprung stehe ich auch näher zu der rettenden Tür als du.

Köstlich: Oh, bitte nicht. Willst du vielleicht Geld? Meine Eltern sind sehr reich, kannst mir echt glauben!

Tekken: Hey ... hey! Dicker Junge, hör auf zu weinen. Für was hältst du mich denn, wollte dich doch nur etwas foppen. Wir können einfach Freunde sein. Ich hab so viel zu geben.

Köstlich: *[erleichtert]* Was für eine krasse Nummer, Tekken. Muss man dir lassen. Ja, ja. Und Freunde kann man nie genug haben. Gerade wenn man wie ich arg Übergewicht hat. Nachher kommt übrigens mein bis dato einziger anderer Freund. Ein entstellter dürrer Junge aus dem Computerclub, dessen Wangenknochen aus dem fleischlosen Gesicht hervortreten. Sie bohren sich durch die flechtenreiche pergamentartige Haut. Er ist auch so um die dreizehn und hat bereits lichtes Haar. Sein Spitzname ist Der Langweiler. Sonst heißt er Karol.

Tekken: Sehr gut, auch das ist mein Mann.

Köstlich: Mmh, kann es sein, dass du Freaks sammelst?

Tekken: Papperlapapp. Ach, wann kommt dieser Karol, von dem ich schon so viel gehört habe, denn endlich? *[Türklingel]* Herrlich, das wird er sein. Dieses Internat beginnt mir zu gefallen.

Köstlich: Wieso hat unser Zimmer denn eine Klingel?

Karol: *[gedehnt, onkelhaft, sehr alte Seele und Stimme]* Hallo, ich bin's, der Karol. Was gibt es denn Neues, Walter?

Köstlich: *[nuschelnd]* Ich esse gerade eine neue Schokoladensorte von Nestlé. Kommt echt mal laser! Muss man dem Unmenschenkonzern lassen. Geht runter wie Öl, Karol.

Karol: Mein Interesse in dem Diskurs über »was Neues« bezog sich in keinster Weise darauf, eingleisigem Lebensmitteltratsch beizuwohnen, sondern ganz dezidiert auf den braungelockten Rowdy, der ohne T-Shirt in knapper Sporthose neben dir steht.

Köstlich: Ach, der. Das ist Tekken. Mein neuer Zimmergenosse. Ignorier ihn einfach.

Tekken: Jungs, ich hab Großes mit euch vor.

Karol: Aha.

Köstlich: Ich will aber lieber was fressen, sag ich gleich.

Tekken: Ihr seid ab jetzt meine Beisitzer im Kampf gegen das Unrecht. Wir gründen eine heimatverbundene Gruppe, die Motorradrockern, Sitzenbleibern, Ganoven, Zigeunern und Migranten die Stirn bietet. Wir nennen uns … Group Tekken. Oder nee, ihr sollt ja nicht zu kurz kommen. Der Name soll uns alle umschließen.

Köstlich: Nee, passt schon, Alter. Ich möchte da vielleicht jetzt auch nicht unbedingt namentlich erwähnt werden in dieser fragwürdigen Nummer.

Tekken: Klappe zu, jetzt habe ich es! Wir sind TKK. Benannt nach unseren Vornamen.

Köstlich: Ey, ich heiß aber eigentlich Walter.

Karol: Und mich stellt der unzweifelhaft zu erwartende physische Aspekt dieser Formation vor scheinbar unlösbare Probleme. Ich habe nämlich Angst und Rheuma.

Tekken: Phantastisch, dann ist ja alles klar.

Köstlich: Nichts ist klar.

Tekken: Karol, was für ein Fall liegt an? Irgendwelche ungeklärten Verbrechen im Lokalteil der Zeitung ausfindig gemacht?

Karol: Ich lese nur »Was ist was?«-Bücher.

Tekken: Auch kein Beinbruch. Dann gehen wir in die Büsche vor der einen großen Mauer des Hauptgebäudes und liegen dort auf der Lauer, um Sachbeschädiger zu überführen, die mit Graffiti rumschmieren.

Köstlich: Ich find's eigentlich ganz schön. So fresh!

Tekken: *[drohend]* Wer nicht Teil der Lösung ist, ist Teil des Problems – eines Problems, für das ich die Medizin bin.

Köstlich: Ist ja gut.

Tekken: Breitband-Antibiotikum!

Köstlich: Reg dich ab.

Tekken: Also los, runter. In die Büsche.

Karol: Ich hatte der Pläne andere.

Köstlich: Ich brauche vorher eine Stärkung.

Tekken: Und ab in den Schwitzkasten, meine Herren *[Gerangel]*. Euch muss man erst zum Glück zwingen. Und wie! TKK ist die Macht.

[Musik]

* * *

Köstlich: *[wimmernd]* Jetzt sind wir schon zwei Tage in diesen Büschen. Ich habe phatt Hunger und Ausschlag. Und keine Intimsphäre mehr, seit man nicht mal ein paar Meter weg darf, wenn die Natur sich meldet.

Tekken: Das hast du Karol zu verdanken. Der tat doch, als müsse er sich entleeren und versuchte dann, wegzurennen. *[höhnisch]* Mit amtlich gemessenen 2,5 Metern pro Minute.

Karol: *[wimmer]*

Tekken: Irgendwie idyllisch hier, für die gute Sache zu beobachten. Nur etwas einsam so unter Männern. *[Reißverschluss zippt auf und zu]* Jungs, was denkt ihr eigentlich über Zwangshomosexualität?

Karol: *[wimmer]*

Köstlich: Da, da, guck lieber mal zur Mauer. Eine Gestalt macht sich mit einer klappernden Büchse zu schaffen. Ich glaube, wir haben den Täter genagelt. Du kannst anfangen, uns zu verschonen und beginnen, den Gangster zu mobben.

Tekken: Okay. Karol, versuch dich nicht wieder zu verdrücken, gib mir deine Rheumasalbe als Pfand.

Karol: *[wimmer]*

Köstlich: Der äußerst grazile Schmierer mit dem St.-Pauli-Kapuzenpulli schreibt unter anderem »Nieder mit den Chauvis – Schwanz ab, jetzt!«, »Doppelnulllösung – Petting statt Pershing«.

Karol: *[unglücklich]* Retro-Ökofeminist?

Tekken: Das wird sich herausstellen. Ich brech dem Sitzenbleiber erst mal den Arm. Köstlich ruft derweil von der Telefonkabine des Internats, die hier alle »Besenkammer« nennen, den örtlichen Sheriff an, Commander Glööckler.

Köstlich: Meinst du den Verantwortlichen der hiesigen Polizei, Kommissar Glockner?

Tekken: Wie auch immer. Also ... los!

Tekken schießt aus dem eben noch so tarnenden Busch hervor. Sprintet über das freie Feld, das die Sträucher von der Wand getrennt hatte. Viel zu spät dreht sich der vermummte Sprayer um. Und beginnt mit dem nutzlosen Unterfangen, noch alle

Dosen einsammeln zu wollen, um dann das Hasenpanier zu ergreifen. Weit bevor dies geschehen kann, stürzt sich Tekken auf den Provokateur und traktiert ihn mit Hieben gegen den Solarplexus, während er auf dem Bauch des Gestürzten sitzt. Plötzlich hält er inne.

Tekken: Dein Solarplexus fühlt sich so weich an. Warum eigentlich?

Sprayer: Autsch ...

Tekken: Bitte, was?

Sprayer: Das sind erste Ansätze meines neuen Busens, Affe. *[stolz]* Ich bin nämlich ein Mädchen!

Tekken: *[angewidert]* Uääh, ich schlage keine Weiber.

Sprayerin: Kommt mir aber anders vor.

Tekken: Mit Scherzen kannst du dich auch nicht aus der Verantwortung ziehen. Runter mit der Maske ... *[zupf]* Uh, so ein hübsches Mädchen hat sowas doch nicht nötig. Du solltest lieber zuhause bleiben, wenn es spannend wird und auch abends ... Ach, das schöne blonde Haar, das kommt jetzt sicher ab im Knast. Was hast du dir überhaupt dabei gedacht, Schuleigentum zu schänden?

Sprayerin: Fuck solche Denkgefängnisse und fuck alle konformen Bildungsmühlen! Hoch lebe Attac!

Tekken: Jetzt nicht mehr, kann ich dir versichern. Und die genannte Gruppierung werde ich auch noch auflösen. Was sagen denn deine Eltern dazu?

Sprayerin: Ich bin eine Waise.

Tekken: Aha.

Sprayerin: Ich will aufmischen!

Tekken: Das kannst du ab jetzt auch. Du wirst nämlich in meiner Anti-Verbrechens-Liga mitmachen. Wir brauchen eh noch ein Mädchen – und das ist besser als tausend Sozialstunden für dich. Kommt alle her.

Tekken winkt Karol aus dem Busch heran, auch Köstlich, der in der Besenkammer telefoniert hat, kommt angetrottet. Und am Horizont bricht auch noch Kommissar Glockner durch.

Sprayerin: Hä? Was geht?
Karol: *[flüsternd zu der Sprayerin]* Hilf uns.
Tekken: Wie heißt du eigentlich?
Sprayerin: Gobi.
Tekken: Dann sind wir jetzt TKKG. Wer zuletzt kommt, den bestraft der Auslaut.
Gobi: Hä?
Tekken: Und da haben wir auch schon Commander Glööckler ...
Kommissar Glockner: Kommissar Glockner!
Tekken: *[unbeirrt zur Sprayerin]* ... Ich lasse dich mir trotz deiner Straftaten überschreiben. Der Rest ist Formsache. Ausweis her!
Gobi *[kleinlaut]* Hier ... aber ...
Tekken: Herr Kommissar, diese kleine Ausreißerin ist straffällig, kann aber in meiner Gruppe resozialisiert werden.
Kommissar Glockner: Ganz schön forsch, Junge. Was befugt dich aber zu solcher Kompetenz?
Tekken: Hier.

Tekken zieht ein Schreiben aus der Innentasche seines Trainingsanzugs. Kommissar Glockners Gesichtszüge erhellen sich beim Lesen.

Kommissar Glockner: »Der Inhaber dieses Ausweises ist ehrenamtlicher Juniorassistent der Polizeidirektion Castrop-Rauxel Beach.« Ist zwar offensichtlich selbst geschrieben, aber mir reicht es aus. Alles okay!
Tekken: Fast. Haben Sie eigentlich Kinder, Herr Glockner?

Kommissar Glockner: Nein, leider. Meine Spermien ... diese Brüder sind einfach zu langsam ... aber, äh, Kinder, das versteht ihr ja noch gar nicht.

Tekken: Was wir aber verstehen, ist, dass Gobi eine neue Familie braucht. Um auch außerhalb der Gruppe Halt zu bekommen. Adoption möglich?

Kommissar Glockner: Also, wenn du so lieb fragst. Kein Problem. Mach' mer!

Tekken: Dann ist ja alles gut.

Gobi: Was ... ich bin jetzt Bullentochter?

Tekken: Herrlich, was? Und nichts zu danken. Unser nächster Fall lautet übrigens »TKKG zerschlagen Attac«.

Karol: *[an den Leser gewandt]* Helft uns!

13

Hanni und Nanni
Groß in Fahrt

Mutter O'Shannon: Hanni und Nanni, kommt ihr bitte mal an mein Pult hier?

Hanni: *[außer Atem, nach zehn Minuten]* Entschuldige, Mutter. Puh, muss erst mal Luft holen. Gerade habe ich mit Nanni Räuber und Gendarm gespielt. Wir sind durch das neue Anwesen getobt. Es war wundervoll, ich bin noch ganz rot vom Lachen. Das neue Haus hier in Yorkshire ist das Beste, was uns O'Shannons passieren konnte. 40 Hektar unbeschwerte Jugend.

Krachend brettert nun auch Nanni, die Zwillingsschwester Hannis, in den Pult-Raum. Sie schleift einen blühenden Apfelbaumast hinter sich her. Die Mutter sieht dem bunten Treiben regungslos zu.

Nanni: Also. Was gibt es so Dringendes? Wir wollen heute noch das Baumhaus mit Lackfarbe bemalen. Und können wir vielleicht einen Kinder Pingui?

Mutter: Ich mach es kurz. Ihr seid in dem Internat Lindenfels angemeldet worden. Vater und ich wollen hier im neuen Anwesen uns selbst mehr im Vordergrund wissen. Ein Billardraum hier, ein Nähzimmer dort, eine Hausbar, ein Fitnessraum. Natürlich in euren Kinderaugen alles langweilig.

Die entsetzten Gesichter unserer beiden Freundinnen Hanni und Nanni könnt ihr euch ja vorstellen. Kaum war die Familie aus der Zweizimmerwohnung aufs Land gezogen, sollten sie auch schon wieder fort. In ein Internat. Wie unangenehm. Beide hielten sich an den Händen. Sie wollten Mutter O'Shannon umstimmen.

Nanni: Sind wir nicht auch gern fit? Und Nähen wäre ebenfalls so ein Ding. Oder Billard.
Hanni: Eben. Bitte lass uns hier bleiben. Hier haben wir alles, was uns teuer ist. Unser Leben und unsere Räder.
Mutter: Glaubt ihr, für mich ist das leicht? Aber das Baumhaus stört einfach. Jetzt klammert euch nicht so an eure Sicherheit, ihr Spießer. Trennung gibt es immer.
Hanni: Wann soll sich diese schreckliche Geschichte abspielen?
Nanni: *[hoffend]* Vielleicht in einer fernen entsetzlichen Zukunft?
Mutter: Ab ins Auto. Nehmt mit, was ihr noch tragen könnt. Mehr muss ich wohl nicht sagen.
[Musik]

Mit einigen wenigen Habseligkeiten bewaffnet, purzeln die Zwillinge in den Familienwagen. Die Mutter fährt unverzüglich ab. Im Fond beginnt sich die Stimmung zu entspannen. Trauer über die Entwurzelung und Furcht vor dem Internat weichen schnell einer mädchenhaften Neugier.

Hanni: Oh, wenn es Stockbetten gibt, schlafe ich in jedem Fall oben.

Nanni: Ich auch! Ich auch! Und es ist ja auch schön, erwachsen zu werden, und nur weil wir weg müssen aus der Familie, heißt das nicht, wir werden nicht geschätzt. Es ist einfach ein neuer Lebensabschnitt für uns Zwillinge, nicht wahr, Mutter?

Mutter: Ihr denkt an das Schild hier am Armaturenbrett? »Während der Fahrt nicht mit dem Fahrer sprechen«!

Nanni: Ganz vergessen. Sorry, Mum!

[Im Radio läuft »First Day of my Life« von den Bright Eyes]

* * *

[Wagen hält]

Mutter: So, da hinten seht ihr schon die Silhouette einer alten Maurenburg – das ist Lindenfels. Und jetzt raus, Mésdames.

Nanni: Ach, die da hinter den tiefhängenden Wolken? Wie weit das wohl noch entfernt ist?

Mutter: Ihr wisst, dass ich immer sehr schlecht Parkplätze bekomme. Sehr schlecht. Also los!

Hanni: Okay, okay. *[Türen klappen, Motor heult auf]* Warte! mein Fuß. Auuuu!

Nanni: Hihi, du solltest dich mal sehen. Liegst voll auf dem Hosenboden. Und jetzt noch der Fußmarsch zu dieser Burg – wir sind keine Mädchen mehr, wir sind junge Frauen. Das ist der Sommer der Entscheidungen. Komm hoch, Schwesterherz, hier meine Hand.

Hanni: Danke. Eine schöne Geste. Jetzt freu ich mich richtig auf unsere neuen Mitstreiterinnen, die uns dort oben sicher schon heiß erwarten.

Mit einem Lied auf den Lippen meistern Hanni und Nanni den
Aufstieg durch den schmalen Pass des Nebelgebirges. Nur wenige
Stunden vergehen, da erreichen sie den Vorplatz von Lindenfels.
Die harsche Stimme der Direktorin, die anscheinend Fräulein
Leopold heißt, fährt den beiden Kindern durch Mark und Bein.

Fräulein Leopold: Ihr zwei Vagabundinnen seid die letzten, die noch für diese Saison fehlen. Haben eure Eltern eigentlich keinen Wagen?

Hanni und Nanni waren die letzten Meter durch das Rennen so
außer Atem geraten, dass sie erst mal gar nichts sagen.

Fräulein Leopold: El-tern!? Vous ne comprendez gar nix?
Hanni und Nanni: *[synchron]* Doch, ham wa!
Fräulein Leopold: Ach du liebe Zeit, Zwillinge! Na, mit euch beiden werden wir sicher eine Menge Spaß haben. Wer von euch ist denn wer?
Hanni: Sie ist Nanni.
Nanni: Das stimmt.
Fräulein Leopold: Na, denkt bloß nicht, ihr euch könnt mit dieser Tour um Aufgaben drücken. Eine von euch wird daher mit einem Brandzeichen versehen. In Form eines X auf den Oberarm.
Hanni und Nanni: Was?
Fräulein Leopold: Keine Sorge, Brandzeichen ist etwas, das ihr und Vertreter eurer Generation »Branding« nennt.
Hanni: Ach so ...
Nanni: Na, dann ...
Fräulein Leopold: Und wo wir gerade dabei sind, war eine von euch schon mal Klassensprecherin?
Nanni: Nee.
Fräulein Leopold: Vielleicht irgendwelche Praktika?

Hanni: Hä, was das denn?

Fräulein Leopold: Nichts zu holen, ich seh schon. Jetzt mal zu den Modalitäten ...

Nanni: Auch kein Eintrag.

Fräulein Leopold: Kinder, Kinder. Ihr scheint mir nicht gerade die Hellsten. Ist euch bewusst, dass es sich bei Lindenfels nicht um eine Hauptschule handelt?

Nanni: Ja, klar. Wir lernen gern ...

Hanni: ... hatten aber bei den Fragen eben einfach eine schlechte Serie. Also?

Fräulein Leopold: Also, der Schlafsaal befindet sich im Westflügel. Fragt euch durch, wie man dahinkommt. Der Unterricht wird im Seitentrakt von der Kapelle abgehalten. Das findet ihr eh nicht. Noch mehr zu sagen? Ach ja, Mitternachtspartys und Streiche sind strengstens untersagt.

Unsere beiden Zwillinge lassen die Direktorin hinter sich und erkunden auf eigene Faust den Weg in die Quartiere. Hanni bleibt etwas hintendran, da kurzzeitig einer ihrer Schuhe aufgegangen war. Nanni, die vorgeht, grüßt artig eine entgegenkommende Lehrerin. Es ist die für Französisch Verantwortliche, eine junge, hagere Dame, die sich nur »Mademoiselle« nennen lässt. Verträumt und mit Bergen korrigierter Diktate im Arm läuft Mademoiselle nur wenig später Hanni in die Arme. Die Französischlehrerin versteht die Welt nicht mehr.

Mademoiselle: Was? Du warst doch eben noch dahinten, seh isch etwa doppelt? Wie kann das sein? Isch muss misch setzen, mon dieu. Alles stürzt ein, besonders meine Wahrnehmung.

Hanni: Ich bin Ihnen nie zuvor begegnet.

Mademoiselle: Doch! Oder war das ein Déjà-vu oder la Matrix, die misch wollen warnen? Isch brauche Pillen.

Hanni lässt die verstört bibbernde Lehrerin, die sich auf den Boden gekauert hat, zurück. Schließlich muss sie ihre Schwester in diesem Labyrinth finden. Nicht, dass das obere Bett schon besetzt sein würde!

[Musik]

Nach stundenlanger Suche öffnet Hanni erschöpft eine weitere Tür. Endlich! Sie hört und sieht ihre Schwester, die zu drei anderen Mädchen spricht. Nun sind sie beide im Schlafbereich des Westflügels wieder vereint.

Nanni: ... wenn ich es euch doch sage, ich habe eine Schwester, die mir bis aufs Haar gleicht. Lediglich habe ich ein paar Sommersprossen mehr.

Hanni: Na, gut dass ich komme. Mädels, meine Schwester hat recht – bis auf die Tatsache, dass ich die paar Sommersprossen mehr habe ... und das obere Bett beanspruche!

Die anwesenden Mädchen brechen in großes Gekicher aus. Sie bewundern insgeheim die Besonderheit des so gleichen Paares. Es sind die glubschäugige Elli, die vorlaute Jenny und die rassige Carlotta. Letztere hat Verwandte im Zirkus.

Carlotta: Mönsch, ihr seid das Doppel dieses Sommers. Mit dem Verwechslungspotenzial kommen nur Streiche, Streiche, Streiche in die Tüte.

Nanni: Dürfen wir nicht! Wurde uns leider schon gesagt. Von Fräulein iPod, oder wie die Alte am Empfang sonst so heißt.

Carlotta: Ja, an Regeln wollen wir uns halten. Es ist das Beste für alle. Aber he, Elli, dafür, dass du mitgekriegt hast, dass Hanni und Nanni deine lange vermissten Cousinen sind, guckst du reichlich unfroh aus der Wäsche.

Elli: Das hat nichts mit euch zu tun. Ich habe aber vorhin gesehen, wie Mademoiselle in einen Krankenwagen abgeführt wurde. Sie war wohl total verwirrt! Hatte Schaum vor dem Mund.

Hanni: Hm, Mademoiselle? Ist das eine brünette Dünne, die starken Akzent spricht?

Die Mädchen: Ja!

Hanni: Die ist zusammengeklappt, als sie mich sah. Höchst eigenartig.

Nanni: Warte mal. Gar nicht eigenartig. Denn zuvor bin ich ihr begegnet – und in eine Richtung abgehauen, du musst aus der entgegengesetzten wieder auf sie getroffen sein.

Elli: Na, kein Wunder, dass sie an ihren Augen und Nerven gezweifelt hat. Jenny, warum lachst du denn so?

Jenny: Naja. Denkt doch mal nach. Ohne es zu wissen, haben die Zwillinge damit doch schon ihren ersten Streich gespielt.

Hanni: Was?

Carlotta: Du hast Recht. Das war ihr erster Streich!

[Gelächter]

Elli: Na, das kann ja noch heiter werden ...

[Musik]

Linus Volkmann

heimweh to hell

In diesem Geschichtenband geht es absolut hoch her. Protagonisten wie das hemdsärmelige Sensibelchen King Cobra sind sauer auf den Staat und auf ihre autonomen Freunde, die, statt den Bauwagenplatz zu verteidigen, sich nur mit ihren Kontaktbeamten abklatschen. Mit dabei auch wieder: das Schicksal der Vorzeige-Nerds Robbe und Bürzel. Zu guter Letzt sorgen auch die alten Helden Super-Lupo und Pauli wieder für melodramatische Action.

140 S. • ISBN 978-3930559-65-7

Linus Volkmann

super-lupo
jeder freund ist anders

Ein Roman über Koketterie und Klassenkampf, Hass und abstruse Melodramatik. Jeder Charakter in diesem Buch ist unabwendbar einsam und zutiefst schwermütig, und doch ist die Sprache, sind Lumpinchen, Pauli und Annabelle so unverschämt sympathisch und putzig ...

160 S. • ISBN 978-3-930559-47-3

Linus Volkmann

Robbe und Bürzel
Zwei Herzen schlagen super
Hörspiel

Nichts geht mehr. Das spüren auch die beiden Nerds mittleren Studi-Alters Robbe und Bürzel. Ihr Stigma hat auch im dritten Jahrtausend Gültigkeit: Brillen, Figuren wie Müllcontainer bzw. eine kahle Zypresse, kein Körpergefühl und namenloser Neid auf das Glück der Einfachen.

Hör-CD, ca. 70 Min. • ISBN 978-3-931555-90-0

ventil-verlag.de

Jonnie Schulz

Kein Zutritt für Hinterwäldler

Roman

Dies ist Geschichte der legendären Butch Meier Band, gegründet von Jonnie Schulz, Ted Memphis, Digger Barnes und Butch Meier. Wie nicht anders zu erwarten, hält sich der Chronist dieser Bandvita zu 73 % pedantisch an die Fakten, der Rest ist Country-fiction und ein von Veganern gezündetes Stahlbad in Wurst & Fleisch inklusive der ultimativen Senfkanone und Popanzen satt.

312 S. • mit farb. Bildstrecke • ISBN 978-3-95575-006-0

Torsun und Kulla

Raven wegen Deutschland

Ein Doku-Roman

10 Jahre Egotronic – Sänger Torsun blickt zurück auf die Zeit der Entstehung des Durchbruchsalbums »Lustprinzip« und erzählt, wie aus dem tiefsten Drogen- und Feierexzess, aus Liebeskummer und Trennungsschmerz die Rakete entstand, die seitdem ein immer größeres Feuerwerk an den Himmel zaubert. Daniel Kulla rollt die Bandgeschichte von Anfang an auf und schildert, wie es nach 2007 weiterging.

280 S. • ISBN 978-3-931555-42-9

Jan Off

Happy Endstadium

Roman

Fünf junge Weltverbesserer machen sich auf den Weg, den ewigen Unsicherheitsfaktor Mensch ein für alle Mal auszuschalten. War es in Jan Offs Meisterstück »Vorkriegsjugend« die Punkszene, deren Sitten und Gebräuche mit liebevollem Spott seziert wurden, ist es diesmal die autonome Bewegung, die unters Messer kommt.

264 S. • ISBN 978-3-931555-36-8

ventil-verlag.de